PETIT CARÊME,

Prêché en 1782,

DANS LA CHAPELLE

DE L'ÉCOLE

ROYALE MILITAIRE.

A PARIS,
Chez BARROIS le jeune, Libraire, quai des Augustins.

AVEC APPROBATION ET PRIVILÈGE DU ROI.

PETIT CARÊME,

PRÊCHÉ EN 1782

DANS LA CHAPELLE

DE L'ÉCOLE

ROYALE MILITAIRE,

En préſence des Elèves,

ET

DÉDIÉ A MONSIEUR;

Par l'Abbé JUMEL.

A PARIS,

DE L'IMPRIMERIE DE MONSIEUR.

M. DCC. LXXXII.

A MONSIEUR,

FRÈRE DU ROI,

Grand-Maître & Chef Général des Ordres Royaux, Militaires & Hospitaliers de Saint Lazare de Jérusalem & de Notre-Dame du Mont-Carmel.

MONSEIGNEUR,

Ces Discours prêchés dans un lieu que vous protégez d'une manière éclatante, en y distribuant chaque année les glorieuses marques des Ordres illustres dont vous êtes le Chef; mes efforts réitérés pour affermir dans l'ame des Elèves de l'Ecole Militaire, les nobles sentimens qui les rendent dignes de cet honneur, acquièrent un prix infini, dès que vous daignez leur accorder votre approbation.

*J'étois d'autant plus jaloux de cette faveur, qu'en vous dédiant un Livre on le consacre à l'*IMMORTALITÉ. *L'Europe, juste admiratrice de vos rares vertus, de vos sublimes connoissances, de votre sage discernement dans le choix des personnes qui ont le bonheur de vous approcher, est elle-même garant de cette vérité; & il n'y a pas de François qui ne se fasse gloire de la publier.*

Je suis avec un profond respect,

MONSEIGNEUR,

Votre très-humble & très-obéissant serviteur,
l'Abbé JUMEL.

PRÉFACE.

LES Sermons ne ſont impreſſion que lorſqu'ils ſont analogues aux devoirs de ceux qui les écoutent. J'ai travaillé ceux-ci de manière à les rendre utiles, en m'appliquant à ne traiter que des ſujets dignes d'intéreſſer de jeunes Militaires, & capables d'échauffer leur ame pour l'amour de la Religion & de la Patrie. Mon plan, approuvé d'un Prélat auſſi zélé qu'éloquent, & de Meſſieurs les Directeurs, dont je pris conſeil en 1781, avoit ſans doute beſoin d'une main plus habile; mais on me ſaura du moins gré de la bonne intention.

D'ailleurs, mon Ouvrage fût-il excellent, il ne ſeroit point à l'abri de la critique. On ſait qu'on oſa reprocher à l'immortel Maſſillon que ſon *Petit-Carême* n'ayant en vue que le Monarque & les Grands, n'étoit d'aucune utilité pour le reſte des Auditeurs, & qu'on n'y trouvoit pas aſſez de paſſages de l'Ecriture & des Pères.

Les parens, dont les enfans ſe deſtinent à la Profeſſion des Armes, pourront regarder ce Livre comme l'abrégé d'une éducation Militaire. Les leçons qu'il renferme ſeront d'autant plus faciles à ſaiſir, que je me ſuis étudié à ne les préſenter que d'une manière ſimple & préciſe; ſacrifiant l'éloquence à l'inſtruction, & ne me propoſant d'autre objet que de graver dans les cœurs ce précepte du Prince des Apôtres, qui fait la baſe de la ſociété civile : CRAIGNEZ DIEU, RESPECTEZ LE ROI : *Timete Deum, honorificate Regem.*

TABLE DES SERMONS

Contenus dans ce Volume.

Fin de la Table.

SERMON

SERMON
POUR
LE PREMIER DIMANCHE
DE CARÊME,
Sur la Piété des Militaires.

Dominum Deum tuum adorabis, & illi soli servies.
Vous adorerez Dieu votre Maître, & vous ne servirez que lui seul.
De l'Evangile de ce jour, en S. Matth. ch. 4.

D'APRÈS ces paroles de Jésus-Christ, si analogues aux besoins de l'ame, si conformes aux affections du cœur, qui oseroit, Messieurs, refuser au Dieu suprême le culte que lui doivent les créatures de tous les âges & de tous les climats ? N'eſt-il pas celui qui exiſte eſſentiellement par ſa nature & par ſa ſageſſe ? *ego ſum qui ſum :* celui qui, le principe & la fin de toute choſe, n'a d'autre jour que l'éternité, d'autres bornes que l'immenſité ? *principium & finis :* celui qui habite en nous-mêmes, en qui nous avons tous l'être, le mouvement & la vie ? *in quo vivimus, movemur & ſumus.*

Que de merveilles ! que de grandeurs ! & quelle gloire pour un foible mortel de pouvoir dire : je m'éleverai juſqu'au trône du Dieu vivant, & dans la contemplation de ſes ſublimes attributs, je le bénirai ſans ceſſe, & je le ſervirai ! *Dominum Deum tuum adorabis, & illi ſoli ſervies.*

Les anges s'uniſſent à l'homme pour ce glorieux emploi ; & dans les ſaints tranſports de l'Egliſe qui triomphe, & dans les fervens deſirs de celle qui milite, on reconnoît la toute-puiſſance du grand Être qui a tout fait, & l'on ſe proſterne en prononçant ſon nom : *Dominum Deum tuum adorabis, & illi ſoli ſervies.*

C'eſt là, Meſſieurs, ce culte qui diſtingue le fidèle de l'idolâtre, & qui, épurant les eſprits & les cœurs, rectifie les ſentimens, enchaîne les paſſions, & forme la vraie piété. Mais, qu'eſt-elle cette piété que l'incrédule traite avec mépris, que l'ignorant confond avec la ſuperſtition? que doit-elle être parmi vous? quelle utilité peut-elle vous offrir? Mon but eſt de vous le retracer, en vous décrivant ſes caractères & ſes précieux avantages : ſujet important, ſur-tout au commencement de cette ſainte carrière. Grand Dieu! vous qui animez ma foible voix, je vous rends graces de ce que vous m'avez conduit dans cette illuſtre Ecole où la fleur de la Nobleſſe Françoiſe, cultivée par les plus habiles mains, ne s'épanouit que pour la vertu : faites-lui ſentir de plus en plus votre divine influence, afin qu'il ſoit vrai de dire, qu'en parlant de ſes devoirs, j'avois également en vue ma Religion & ma Patrie.

Implorons les lumières de l'Eſprit Saint, &c. *Ave, Maria.*

PREMIÈRE PARTIE.

LA piété, Meſſieurs, ne peut avoir qu'un même principe & qu'une même fin ; mais, ſe diverſifiant de mille manières différentes, comme un don de l'Eſprit Saint, elle eſt ſpécialement ſilentieuſe & pénitente chez les Anachorètes, courageuſe chez les Paſteurs, héroïque chez les Militaires. Il me ſemble la voir deſcendre des cieux comme une roſée céleſte, répandre ſur les penſées une onction toute divine, ſur les actions un eſprit de vie, opérer enfin dans les ames ce qu'une eau ſalutaire

& régénérative produit ſur les plantes & ſur les fleurs.

Mais pour vous en donner une juſte idée, nous vous dirons, d'après ſaint Auguſtin, que les attributs de Dieu forment la vraie piété ; & que, par la raiſon qu'il eſt eſſentiellement grand, eſſentiellement bon, eſſentiellement juſte, eſſentiellement immuable, votre piété doit être magnanime, charitable, exacte, perſévérante. Entrons en détail.

Piété magnanime. En vain les eſprits-forts ont oſé prétendre que la Religion Chrétienne étoit une profeſſion de foibleſſe & de puſillanimité. Eh ! qui fut plus courageux que les Apôtres & les Martyrs ? leur ſang ſuffiſoit à peine à l'ardeur de leur zèle ; &, tandis qu'il ruiſſeloit de toutes parts, leur ame s'élevoit ſur les débris de leur propre corps, & du ſein des flammes, leurs ſquelettes pouſſoient encore des ſoupirs qui étoient des actes de courage & des actions de graces.

Mais, sans ouvrir les annales de l'Eglise, sans pénétrer dans ces grottes profondes où des solitaires, presque aussi morts que ceux qui sont enterrés, ne connoissent ni la suite des jours, ni les adoucissemens de la vie, ni l'usage des sens; que de guerriers qui, se modelant sur nos pieux Monarques, dont l'héroïsme vit dans les fastes de la Religion & dans ceux de la valeur, se signalèrent par une piété semblable à leur courage, & qui, provoquant la foudre & la mort comme s'ils avoient reçu l'ordre de Dieu même pour expirer dans les combats, sembloient ne travailler que pour la gloire du monde, & n'agissoient que pour le ciel!

Non, il n'y a rien que n'entreprenne la piété magnanime, parce qu'elle ne connoît que le devoir. Elle attache le Monarque à ses sujets, l'Officier à son commandement, le Soldat à son poste, plus que toutes les menaces & les terreurs : ici, elle ouvre la terre pour y voir notre néant & pour abattre notre orgueil ; là, elle pénètre dans les cieux pour y considérer la grandeur de notre destinée : ici, elle se répand dans l'immensité de Dieu pour n'appercevoir ce monde que comme un atôme ; là, elle s'identifie avec Jésus-Christ même, pour imiter sa patience & son courage. Telle est, Messieurs, la piété magnanime, & telle doit être la vôtre, si vous voulez avoir en partage cette grandeur d'ame qui caractérise les Héros Chrétiens, & qui ne connoît de crainte que celle de Dieu.

Piété charitable. Quand on donneroit tout son bien aux pauvres, quand on livreroit son corps aux flammes, quand on auroit une foi capable de transporter les montagnes, on ne seroit qu'une cymbale retentissante, si l'on n'avoit la charité : je parle ici du bien qu'on fait à ſon prochain , uniquement en vue de Dieu. Point de Religion qui ne prêche l'humanité, point de pays où elle ne ſoit plus ou moins en honneur ; mais il n'appartient qu'au Chriſtianiſme de ſanctifier les aumônes qu'on diſtribue, les ſervices qu'on rend, en les rapportant au ſouverain Être.

Qu'il eſt beau de voir l'homme puiſſant, mais charitable, oublier ſa grandeur pour voler au ſecours du miſérable; ne ſe ſouvenir de ſes richeſſes que pour les verſer dans le ſein des malheureux ; n'uſer de ſon crédit qu'en faveur de la veuve & de l'orphelin, & ſur-tout lorſque ſa main gauche ignore ce que fait la droite ! lorſqu'après avoir tout tenté, tout entrepris, tout donné , il rentre en lui-même , & reconnoît qu'il eſt un ſerviteur inutile, parce qu'il n'y a rien qui ne vienne de Dieu, les bons deſirs comme les bonnes œuvres, ſelon l'expression de l'Apôtre: *Deus est enim qui operatur in vobis & velle & perficere.* *Ad. cap. 2, v. 13.*

La médiocrité même devient une source de bienfaits pour les malheureux, lorsque c'est la Religion qui nous anime. On n'oubliera jamais l'exemple de saint Martin, ce généreux militaire : il n'est encore que catéchumène, & il partage son propre manteau avec un pauvre qui s'offre à ses regards, se couvrant d'une gloire éternelle, en couvrant la nudité d'un membre de Jésus-Christ.

Ah! s'il m'étoit donné, Messieurs, de vous ouvrir les cachots, de vous conduire dans ces tristes asyles, dépôt des misères humaines; c'est là que vous verriez comme la piété se reproduit, se répand, se multiplie, comme elle sort du sanctuaire, comme elle descend des trônes mêmes pour arracher à la mort ceux qu'assiège le besoin; c'est là que vous admireriez combien parmi les Nobles, les Militaires, la piété opéra dans tous les temps des prodiges en faveur des infortunés; c'eſt là, enfin, que vous liriez dans les regiſtres des charités publiques, les noms des familles qui ſubſiſtent encore des libéralités de vos ancêtres, parce qu'alors la piété plus fervente & moins contrariée par le luxe, trouvoit facilement des moyens de ſoulager la misère.

Qu'elle entre dans vos cœurs cette piété charitable, & bientôt vous prendrez juſques ſur vos menus plaiſirs de quoi ſoulager les pauvres ; bientôt, juſques dans les choſes mêmes qui vous ſemblent abſolument néceſſaires, vous trouverez du ſuperflu pour venir au ſecours de votre prochain ; bientôt vous méditerez en vous-mêmes les moyens d'adoucir un jour le ſort des pauvres ſoldats qui ſeront ſous vos ordres. La piété émane d'un Dieu qui vous dit qu'il vaut mieux donner que
Act. Apoſt. c. 2. v. 35. de recevoir, *beatius eſt dare quàm*

accipere; d'un Dieu qui aime celui qui donne avec joie, *hilarem enim datorem* 2. *Cor. c.* 9.
diligit Deus ; d'un Dieu qui regarde *v.* 7.
comme fait à lui-même le bien que l'on fait au dernier des hommes : & c'eſt un motif aſſez puiſſant, Meſſieurs, pour vous engager à devenir ſenſibles aux maux du prochain ; ajoutez qu'une piété charitable ſouffre tout, excuſe tout, ne ſoupçonnant jamais le mal qu'elle ne voit pas, ne parlant jamais de celui qu'elle apperçoit.

Piété exacte. Vous n'arriverez jamais juſqu'à Dieu, ſi vous n'êtes équitables dans vos actions comme dans vos jugemens. Voulez-vous remplir toute juſtice, dit Saint Bernard ? honorez le Seigneur de préférence ; car Dieu veut que vous n'ayez pour vos parens, comme pour vos amis, qu'un attachement relatif à lui-même ; il veut que vous ſoumettiez en tous temps, comme en tous lieux, vos cœurs à ſon empire ; il veut que vous commenciez le jour par un retour vers ses miséricordes, & que vous le finissiez par des actes d'amour & de reconnoissance ; il veut que vous vous absteniez de l'apparence même du mal, & que dans vos entretiens comme dans vos travaux, en secret comme en public, votre mémoire, votre ame, votre esprit, se remplissent continuellement des grands objets de notre sainte Religion. Si les Rois de la terre, dit notre Saint Docteur, exigent pour leur service la plus grande régularité, trouverez-vous étrange que le Roi des Rois vous ait astreints à des exercices de Religion qui captivent vos desirs & vos sens ?

A Dieu ne plaise que je vienne vous parler ici d'une piété minutieuse qui rejette l'esprit qui vivifie, pour s'attacher à la lettre qui tue ; qui fait consister dans des traditions populaires l'essence de la Religion ; qui ne prend garde qu'au dehors de la coupe, & qui n'examine pas ce qu'elle contient. Jesus-Christ proscrit hautement cette apparence de piété chez les Pharisiens : il leur reproche de se faire de légers scrupules, & de négliger les devoirs les plus essentiels. Saint Jean-Baptiste, consulté par les Militaires de son temps sur ce qu'ils devoient pratiquer pour être sauvés, leur répondit simplement : Ne commettez point d'injustice ; contentez-vous de votre paie, ne murmurez point ; & tels sont vos devoirs, Messieurs, que vous devez ajouter à ceux de Chrétiens, en observant exactement les préceptes de Dieu, en pratiquant avec fidélité les commandemens de l'Eglise, comme émanant de son autorité ; sans cela vous n'auriez rempli qu'une partie de vos obligations, & vous ne trouveriez pas de quoi vous prémunir contre les écueils si fréquens dans la profession des armes : les prières, les lectures de piété, les abſtinences ordonnées par la Religion, la fréquentation des Sacremens, autant d'exercices dont l'homme ne doit pas ſe diſpenſer dans quel qu'état qu'il puiſſe être.

Piété perſévérante. Dieu n'eſt point coutume, dit Saint Ambroiſe ; il eſt vérité, & conſéquemment la piété qui l'honore eſt toujours la même, ne variant ni ſelon les temps, ni ſelon les climats : il n'y a que celui qui perſévérera juſqu'à la fin qui ſera ſauvé : *Qui autem perſeveraverit uſque in finem, hic ſalvus erit.* Le Seigneur ne veut à ſon ſervice ni les tièdes, ni les lâches qui s'arrêtent au milieu de la courſe. Après nous avoir tracé du haut des cieux la route que nous devons tenir ſur la terre, il nous a envoyé ſon propre fils pour marcher dans un chemin de ronces & d'épines, & pour être notre modèle & notre appui. Combien ne feriez-vous point ſaiſis d'indignation, ſi, en liſant

Matth. c. 10, v. 22.

l'hiſtoire de nos Martyrs, vous les voyiez renoncer à la couronne immortelle au moment qu'on va les immoler, pour ſe dévouer à l'opprobre & à l'infamie! Combien au contraire n'êtes-vous pas pénétrés d'admiration, quand vous les voyez braver les tyrans, les ſupplices, la mort même, pour rendre hommage à leur Religion! Non, il n'y a que le courage perſévérant qui rende eſtimable, même aux yeux du monde, le véritable Chrétien, & qui lui aſſure l'admiration de la poſtérité.

L'éternité ſera aſſez longue pour nous repoſer; & c'eſt ce que vous devez vous dire ſans ceſſe, pour ne perdre ni un ſeul jour ni un ſeul inſtant; car il n'y a pas une minute qui ne ſoit le prix du ſang de Jeſus-Chriſt.

Oh! s'il en étoit parmi vous qui n'euſſent que de l'averſion ou de la tiédeur pour les exercices de piété, qui ne ſupportaſſent qu'avec peine les pratiques de la Religion ; qu'ils craignent de n'être un jour que des lâches au service de leur Prince ; car, lorsqu'on manque à Dieu, l'on est toujours au moment de trahir son devoir ; & si l'on paroît le remplir, ce n'est point par un motif pur & désintéressé, mais par un respect tout humain.

Voyons maintenant, Messieurs, les avantages de la piété.

SECONDE PARTIE.

Si je me laissois éblouir par l'éclat du monde, si je ne faisois attention qu'aux honneurs que reçurent vos ancêtres, qu'à ceux qui vous attendent, je m'étendrois sur la gloire qu'il y a de mériter des grades & des titres, sur la douceur qu'on goûte à perpétuer son nom par des actions mémorables ; mais il est un autre point de vue pour un Ministre de l'Évangile, & pour des

Chrétiens occupés des biens éternels. Il faut, d'après la Loi de Dieu qui l'ordonne, que la piété passe avant toutes choses, & que les récompenses que la Religion vous promet, soient le premier mobile de vos actions, le premier principe de vos desirs.

Vos avantages temporels finiront d'un moment à l'autre; la plus grande gloire que vous puissiez acquérir dans le monde se perdra dans la nuit du tombeau, s'effacera enfin de la mémoire des hommes; au lieu que la piété, en donnant un prix infini à vos actions, les rendra immortelles, parce qu'elle vous procurera l'avantage de vous préserver des écueils, de vous appliquer à vos devoirs, & de vous soutenir dans toutes les situations de la vie.

La jeunesse a beau se voir investie de tous côtés par des passions effrénées, par des occasions funestes, par des sociétés dangereuses, par un monde qui ne cherche qu'à la séduire ; elle résistera si elle est vraiment enracinée dans la piété ; & c'est pour cet effet, Messieurs, que notre auguste Monarque, en vous admettant dans cette précieuse Ecole, vous a placés au milieu des plus sages instructions & des meilleurs exemples. Il a vu que vos premiers jours avoient besoin d'un soleil vivifiant pour les rendres purs & sereins ; que vos jeunes cœurs, comme des plantes qui viennent de naître, se dessécheroient sans le secours d'une rosée salutaire ; & sa bonté vous a prodigué tout ce qui pouvoit contribuer à la conservation de vos mœurs, tout ce qui pouvoit éclairer votre esprit.

Grand Dieu ! faites qu'ils profitent de cette précieuse faveur, & que leur ame devienne sensible aux impressions qu'ils reçoivent dans ce lieu. La piété, s'ils ont le bonheur d'en profiter, les préservera pour toujours des pièges tendus de toutes parts pour corrompre les mœurs : elle a ſoutenu les Joſeph dans les circonſtances les plus périlleuſes ; eh ! comment n'opéreroit-elle pas ces merveilles, quand ſes généreux efforts ont pour appui la plus ferme eſpérance en Dieu ?

Tous les ſecours de l'homme ne ſont que de foibles roſeaux ; mais celui qui vient du Ciel, celui qu'on obtient de Dieu par le moyen de la foi, triomphe de tous les obſtacles, diſſipe tous les orages, renverſe tous les ennemis du ſalut, & procure une paix que rien ne peut altérer.

Voulez-vous vous en convaincre, il ſuffit de jeter les yeux ſur tant de jeunes gens épars dans cette Capitale, & qui ont fait divorce avec la vertu. Quel horrible tableau ! Ne craignez pas, Meſſieurs ; je rougirois de vous le préſenter : c'eſt aſſez de vous dire que lorſqu'on n'a point une ſolide piété, l'on flotte à tout vent, l'on eſt prêt d'adopter les chimères des incrédules, comme les ſuperſtitions les plus vulgaires, l'on ſe livre aux méchans comme aux bons, & l'on eſt toujours au moment de s'abandonner au torrent des paſſions, & de faire naufrage dans la foi.

Ah! le ſeul amour de la piété vous contiendra dans les bornes qui vous ſont aſſignées, mettra une ſentinelle autour de votre cœur, pour qu'il ne ſoit pas ſurpris par les attaques du monde & du malin eſprit; il vous arrachera à ces occaſions funeſtes où la mort de l'ame ſe trouve au milieu de la volupté; il vous fera reſpirer cette pureté qu'on peut appeler l'air natal des Elus; il vous préſervera de l'oiſiveté qui a toujours été regardée comme la ſource de tous les vices; il vous placera dans une région inacceſſible aux haines, aux médiſances, aux iniquités, en vous tenant imperturbablement attachés à la pratique de vos devoirs : ſecond avantage de la piété.

L'homme n'a été placé ſur cette terre que pour remplir des obligations envers Dieu, envers lui-même, envers le prochain ; que pour s'élever continuellement, par l'ardeur de ſes deſirs, dans cette Jéruſalem céleſte où l'on voit la vérité ſans nuage, où l'on goûte la félicité ſans altération.

Chaque état auquel la Providence nous appelle, eſt un lien qu'on ne peut rompre ſans ſe rendre extrêmement coupable ; c'eſt par ce nœud ſacré que nous tenons à l'Egliſe, à nos parens, à nos Souverains, à notre patrie; mais il n'y a que la piété qui puiſſe nous rendre bons Catholiques, ſujets ſoumis, citoyens utiles, comme étant la ſeule qui agiſſe ſur le cœur, qui dirige les penſées, qui règle les deſirs; car la piété dont je parle n'a rien de commun avec ces dévotions arbitraires, que l'homme

peut prendre ou laiſſer ; mais elle eſt le culte eſſentiel que l'on doit à Dieu, & qui conſiſte à l'adorer en eſprit & en vérité, qui conſiſte à marcher devant lui tous les jours de la vie dans
Cant. Zacar. Luc. 1. la juſtice & dans la ſainteté, *in ſanctitate & juſtitia coram ipſo omnibus diebus noſtris.*

Le Chrétien, dit ſaint Chryſoſtôme, dans quelqu'état qu'il puiſſe être, ſoit Militaire, ſoit Magiſtrat, eſt abſolument obligé de conſacrer au Seigneur ſes veilles, ſes travaux, ſes récréations mêmes ; les exercices, les lectures, tout doit ſe faire en ſon nom.

Il n'eſt pas croyable combien on s'acquitte fidèlement de ſon devoir quand c'eſt la piété qui nous anime : on n'a beſoin ni de la préſence des hommes, ni de leur témoignage, ni de leur approbation, pour pratiquer ce que la Loi commande ; la conſcience, plus puiſſante que tous les ſpectateurs, plus forte que tous les éloges, nous attache irrévocablement à nos obligations. On ſait que Dieu voit tout, qu'il eſt par-tout; & cette conviction ſuffit pour ne rien omettre de ce que le devoir preſcrit. Auſſi peut-on dire, avec ſaint Chryſoſtôme, qu'il n'y a rien de plus puiſſant, de plus efficace que la piété pour nous faire opérer le bien : le Militaire le plus pieux ſera ſûrement le plus obéiſſant aux ordres de ſes Chefs, le plus aſſidu à ſes devoirs, le plus intrépide dans les combats; & il trouvera dans ſon ame les vrais moyens de ſe ſoutenir dans toutes les ſituations de la vie : troiſieme avantage de la piété.

L'on a beau nous vanter la philoſophie moderne; ſon ſecours ſera toujours impuiſſant quand il faudra lutter contre les beſoins, ſupporter l'indigence, ſouffrir l'injuſtice & la calomnie; mais la piété ne manque jamais d'être efficace dans les poſitions les plus critiques ſelon le monde & la nature ; elle ſeule nous élève, dit ſaint Bernard, au deſſus des malheurs inſéparables de l'humanité, & nous fait paſſer avec autant de patience que de courage, à travers les haines, les menaces, les jalouſies ; elle nous arme d'une force à toute épreuve contre les revers les plus funeſtes, contre les plus terribles aſſauts ; elle nous fait enfin triompher de nous-mêmes, en réformant nos défauts, en domptant notre humeur. Job eſt accablé de maux ; &, loin de ſe laiſſer abattre, il ſe ſent ſoutenu par une main inviſible qui le protège ; Daniel ſe voit dans la foſſe aux lions, & il ſe raſſure en penſant au Seigneur ; les trois enfans hébreux ſont jetés dans la fournaiſe de Babylone, & leur piété les rafraîchit au milieu des flammes. O divine piété ! que de voyageurs, que de priſonniers, que d'infirmes, que d'infortunés, que de mourans ſoutenus par votre force & votre onction !

onction ! Non, ce n'est point ce juste vanté par un poète profane, qui demeure intrépide au sein des plus grands dangers, mais le vrai Chrétien ; les horreurs même de la mort ne sauroient l'étonner. S'il élève son ame dans les cieux, il y trouve le Dieu de toute miséricorde ; s'il descend en esprit dans les enfers, il y découvre le Dieu de toute justice : *Si ascendero in cœlum, tu illic es ; si descendero in infernum, ades.* Psalm. 138, v. 8.

Que de positions dans la vie où il n'y a que la piété qui puisse soutenir & consoler ! Eh ! que ne dirai-je point, Messieurs, de ces circonstances si délicates & si communes dans votre état, où la réputation est compromise quoiqu'on soit innocent, où l'on envenime les meilleures actions par un effet de la haine & de la jalousie, où l'on se voit au même grade, quoiqu'on ait payé de son propre sang, lors même qu'un rival qui n'a rien fait, reçoit la récompenſe? C'eſt dans ce moment que le Militaire, qui a la piété dans le cœur, ſe jette entre les bras de Dieu, & qu'il lui dit ſans murmure, pourvu que je ſois digne de vos regards, ô Seigneur! je ſuis ſatisfait; les hommes ſont injuſtes, mais vous êtes mon refuge, & le calme de mon ame fait toute ma gloire.

Vous me direz peut-être, qu'en embraſſant la piété avec tant d'ardeur, on devient un objet de dériſion pour les autres. Ah! Meſſieurs, ne vous y trompez pas; lorſqu'un Militaire eſt honnête, officieux, ne parlant qu'avec diſcrétion, excuſant les défauts du prochain, rempliſſant ſon devoir avec exactitude, il ſe fait indubitablement chérir & reſpecter. Ce n'eſt que la fauſſe dévotion, cette dévotion acariâtre, préſomptueuſe, mécontente de tout, qui toujours murmure, qui toujours reprend avec amertume, qui toujours ſe complaît en elle-même, qui toujours agit avec oſtentation ; ce n'eſt que ce ſimulacre de piété qu'on tourne en ridicule, & qu'on ne peut ſouffrir. La vertu, diſoit un Auteur payen, plaît même dans un ennemi ; à plus forte raiſon, la piété dont les caractères forment le tableau des attributs de Dieu.

Faſſe le ciel, Meſſieurs, que cette exhortation, venant à l'appui des ſages inſtructions dont on nourrit ici vos eſprits & vos cœurs, vous connoiſſiez le prix de la piété de manière à en faire la règle de votre conduite & de vos mœurs ; alors vous perſévérerez dans l'amour de l'innocence & de la paix ; alors vos jours ſeront autant de degrés par leſquels vous vous élèverez au véritable héroïſme ; alors notre auguſte Monarque, ainſi que la Patrie, trouveront en vous les citoyens les plus vertueux, & des guerriers toujours prêts à répandre leur ſang, non pour des querelles particulières, mais pour le bien de l'Etat.

Grand Dieu ! c'eſt à vous que ces jeunes Militaires s'adreſſent pour obtenir cette vraie piété, qui, pure & noble comme l'Evangile, n'offre rien que de ſublime, n'entreprend rien que de juſte, ne fait rien que d'édifiant; cette piété, ſans laquelle les biens de la vie, les honneurs du monde ne feront que les perdre ; cette piété qui leur inſpire une ſainte averſion pour tous les mauvais livres, une juſte horreur pour tous les pernicieux exemples, un entier éloignement pour toutes les dangereuſes ſociétés ; cette piété qui ne connoît ni les emportemens, ni les jalouſies, ni les haines, ni la vanité, ni l'humeur : ils vous la demandent, ô mon Dieu ! comme le ſeul avantage qui tient lieu de tout, qui ſuffit à tout, & qui, après avoir fait dans cette vallée de larmes leur consolation & leur joie, les placera enfin dans le séjour de la véritable gloire & du vrai bonheur. Ainsi soit-il.

SERMON

POUR

LE SECOND DIMANCHE DE CARÊME,

Sur les Inſtructions de l'École Royale Militaire.

Ecce nubes lucida ombumbravit eos.

Un nuage de lumière les environna.

De l'Evangile de ce jour, en ſaint Matth. Ch. 17.

ELLE n'eſt point éteinte, Meſſieurs, cette lumière miraculeuſe dont les Diſciples les plus chéris de l'Homme-Dieu furent inveſtis ſur le Thabor ; elle brille dans l'Eglise, où l'Esprit Saint ne cesse de répandre ses divins rayons, comme le gage éternel de l'amour de Jesus-Christ pour son Epouse; elle subsiste dans l'esprit des justes, qui, loin des enfans de ténèbres, vivent de la grace & se nourrissent des vérités saintes; elle éclate enfin au milieu de vous, qui, séparés d'un monde pervers où s'exhalent continuellement des vapeurs funestes, jouissez du ciel le plus pur, dans le sein de l'innocence, ainsi qu'à la source des plus solides instructions. *Ecce nubes lucida obumbravit eos.* Ah ! s'il vous étoit possible d'en douter, je vous dirois : Jetez un coup d'œil sur tant de Nations diverses, assises dans les ombres de la mort; rappelez en vous-mêmes ce qu'on vous a dit de la sublimité de nos mystères, de la sainteté de nos dogmes, de l'excellence de la morale évangélique; considérez enfin tout ce que vous avez puisé d'utile & de lumineux dans cette précieuse Ecole où la jeunesse ne s'ouvre qu'à la vérité, n'étudie que pour la vertu, ne travaille que pour le bien de la Patrie.

Bonheur immense que la seule bonté de nos Rois pouvoit vous faire goûter; bonheur, qui, en vous rendant parfaits Chrétiens & vrais patriotes, vous procure les instructions les plus solides pour le présent, les plus glorieuses pour l'avenir! *Ave, Maria.*

PREMIÈRE PARTIE.

Ce n'est pas un médiocre avantage, Messieurs, de se trouver à l'abri du mensonge & de la perversité, dans un siècle aussi corrompu que le nôtre, & presque dans les murs d'une Capitale, malheureusement trop renommée par ses désordres: c'est ici l'ouvrage du Seigneur, qui, par un discernement impénétrable, tire Jacob du sein de la malédiction, & laisse Esaü livré à la dépravation de son propre cœur : *Dilexi Jacob; Esau autem odio habui.* Malach. c. 1. v. 2.

L'avez-vous bien sentie, Messieurs, cette grace qui s'est en quelque sorte emparée de votre esprit & de votre cœur, pour les remplir d'une morale analogue à vos devoirs, à votre gloire, à votre félicité? Avez-vous bien compris que vos jeunes années se seroient infailliblement perdues dans le sein de la mollesse & de l'oisiveté, si des maîtres sublimes dans l'art d'enseigner, n'avoient été préposés à votre éducation pour vous donner des instructions solides, & pour graver dans vos ames, par la force des préceptes & des exemples, ce qui dompte vos passions, ce qui vous donne un nouvel être?

Le temps de la jeunesse fut regardé dans tous les siècles comme le temps de l'indiscipline, comme l'âge de la séduction. Les anciens & les modernes, les payens & les chrétiens, nous la présentèrent sous ce funeste point de vue; mais on peut dire, sans être soupçonné d'exagération, qu'elle ne fut jamais aussi déréglée qu'aujourd'hui. C'est un torrent qui rompt toutes les digues de la bienséance & de la pudeur; une tempête qui renverse tout ce qui s'oppose aux inclinations perverses; un incendie dont les parens eux-mêmes ne peuvent arrêter les terribles progrès: de-là cette insubordination, cette indépendance, cette incrédulité, qui ont débordé presqu'au même instant dans toutes les parties de l'Europe, & qui nous pronostiquent les plus grands malheurs, si Dieu ne vient à notre secours. Tel est le monde, Messieurs: eh! pourquoi vous le dissimuler, puisque vous êtes faits pour le connoître, & pour vivre dans son sein?

Mais c'est ici que la plus heureuse éducation étouffe les mauvais desirs, ouvre à l'ame des ſentiers tracés par la vertu ; c'eſt ici que l'on ſe dépouille de cette humeur altière & difficile, qui rend l'homme inſupportable aux autres, ainſi qu'à lui-même ; que l'on réprime cette vivacité pétulante qui engendre les antipathies & les rixes; que l'on prend une juſte horreur pour ces menſonges qui outragent également l'honneur & la probité ; que l'on plie ſous le joug d'une obéiſſance raiſonnable ; que l'on s'accoutume enfin à aimer l'ordre & le devoir, non par le motif d'une crainte ſervile, mais par amour pour la Loi, mais pour le plaiſir intérieur qu'on goûte à reſpecter ſa conſcience, à ne rien faire qu'en vue de Dieu.

Oppoſons, Meſſieurs, un jeune homme qui ſe conduit d'après ces maximes, à cette tourbe de jeunes indiſciplinés, qui font conſiſter toute leur gloire à faire le mal, à contriſter leurs parens, à troubler la ſociété, & vous ſentirez combien les bons exemples, les bonnes inſtructions ſont utiles dans le cours de la vie.

La jeuneſſe, au milieu du monde, ne marche que ſur des précipices, toujours prête à faire de faux pas, toujours au moment de ſe perdre ſans reſſource : ſemblable à une étincelle qui ne doit s'enflammer que pour produire de la lumière, & qui engendre des feux dévorans ; à une eau limpide qui ne doit rouler qu'à travers des ſentiers fleuris, & qui ſe change en marais en croupiſſant ſur des terrains fangeux.

Quel amas monſtreux de livres pervers au milieu de ce monde dont vous êtes ſéparés pour quelques temps ! La poéſie, l'éloquence, la philoſophie, tout s'y raſſemble pour inſinuer le vice dans les cœurs, l'aveuglement dans les eſprits, pour ſoulever la créature contre le Créateur, pour étouffer enfin la Religion, & ne laiſſer à l'homme que le triste honneur de vivre à la manière des brutes, sans d'autres règles que des passions effrénées, sans autre espoir que le néant.

Les ouvrages lumineux qui élèvent l'ame à la source des êtres jusqu'au principe de tout bien, enfin jusqu'à Dieu, vous sont ici familiers ; & leurs principes s'identifient avec vous, croissent avec vous, & deviennent dans vos cœurs les germes de toutes les vertus ; car la bonne éducation, Messieurs, opère en nous-mêmes ce que la main du cultivateur produit sur les terres où l'on sème un pur froment : il faut sans doute des peines qui nous retracent la rigueur des hivers ; mais combien n'en est-on pas dédommagé quand on vient à receuillir une abondante moisson ?

Les bons principes qu'on peut répandre dans le monde, ressemblent à cette semence dont Jesus-Christ nous parle dans une parabole de l'Evangile, & qui, tantôt mangée par les oiſeaux du Ciel, tantôt deſſéchée par les épines qui l'étouffent, tantôt brûlée par l'ardeur du ſoleil, périt ſans aucune reſſource : mais dans cette célèbre Ecole, les penſées, les deſirs, les ſentimens qu'on y fait naître, tout prend racine de manière à fructifier pour ce monde & pour l'autre : ce ne ſont pas des vérités jetées au haſard, mais ce ſont des préceptes immuables, liés enſemble par la juſtice & la vérité, dont on eſt forcé de reconnoître la juſteſſe, & d'admirer l'équité.

Anathême à ces écrivains qui ont oſé débiter que la nature vicieuſe ne ſe réformoit jamais ; que l'homme, malgré tous les bons préceptes, demeuroit toujours le même, toujours imperturbablement attaché à la perverſité de ſes inclinations ! Si cela eſt, juſte Ciel ! déchirons tous les bons ouvrages, renverſons les collèges, abjurons toute éducation, comme une choſe auſſi gênante qu'inutile, & ne reconnoiſſons plus d'autre règle que celle qui nous aſſujettit aux paſſions, & qui confond notre nature avec celle des bêtes & des plantes : alors nous ne ſommes plus qu'une machine organiſée qui ne produit que de vains ſons, qui eſt néceſſitée, par une impulſion inſurmontable, à n'agir que conformément aux lois du mouvement, & qui doit ſe briſer ſans qu'il en reſte aucunes traces.

Voilà juſqu'où conduiſent les abſurdités de la nouvelle philoſophie, & voilà ce qui doit vous rendre cette Ecole plus précieuſe que jamais. Ici, je ne crains point de le dire, on y refond les perſonnes en leur donnant une nouvelle ame, de nouvelles idées, de nouveaux ſentimens.

Sondez votre intérieur, anatomiſez votre eſprit, interrogez vos ſens, & vous entendrez au fond de vous-même une voix ſecrette qui vous répondra que vos goûts diffèrent entièrement de ce qu'ils étoient lorsque vous vîntes dans ce respectable asile. Vous avez insensiblement quitté ces paroles inconsidérées, ces subterfuges inconciliables avec la probité, ces airs évaporés, qui ne rendent que trop souvent la jeunesse insupportable, & vous vous êtes réformés sur des plans honnêtes, sur des règles analogues à votre Noblesse, aux exemples de vos aïeux, & vous êtes devenus tels en un mot, que vos proches diront en vous revoyant : ce ne sont plus eux-mêmes, & c'est l'ouvrage de l'éducation chrétienne & royale qu'ils ont reçue par la munificence du Monarque le plus sage & le plus bienfaisant.

Je sais, d'après saint Augustin, que Dieu, ne se répétant jamais dans ses ouvrages, n'a pas fait deux ames absolument semblables; qu'il a imprimé dans chacun de nous une manière d'être, qui nous différencie les uns des autres; &

de même que les fleurs sont toutes distinguées par des nuances qui les caractérisent, quoique souvent d'une même forme & d'une même couleur, nous avons des marques relatives à chacun de nous : mais je sais aussi que tous les individus qui composent cette Maison, en ont pris tellement l'esprit, qu'il s'est fait la plus heureuse révolution dans leurs ames ; & qu'au lieu de ces tons suffisans, de ces airs de hauteur, de ces actes d'indocilité qui forment pour ainsi dire l'essence de la jeunesse, on ne voit plus parmi vous que de la décence, de la douceur, de la subordination : tout a repris chez vous une nouvelle vie ; car l'éducation chrétienne a la vertu, selon la remarque de saint Bernard, de faire des hommes nouveaux.

Mais si ces avantages vous sont infiniment précieux pour le moment présent, combien le seront-ils encore plus dans la suite ? Vous semez maintenant dans les larmes, & un jour vous recueillerez dans la joie : *Qui ſeminant in lacrymis, in exultatione metent.* Maintenant il faut que vous vous faſſiez violence pour ſuivre des devoirs aſſujettiſſans, pour vous livrer à des études abſtraites, pour vous reproduire ſous une nouvelle manière d'être : mais quand le temps ſera venu d'entrer au ſervice, de marcher dans le champ de la bravoure & de l'honneur, vous reconnoîtrez que ſi les inſtructions qu'on vous donne actuellement ſont ſolides, elles deviennent glorieuſes pour l'avenir.

Pſalm. 125. v. 5.

SECONDE PARTIE.

Il n'y pas de gloire plus éclatante ſelon le monde, plus permiſe ſelon Dieu, que celle qu'on acquiert au ſervice de la Patrie. Cette gloire eſt ſi ſublime, qu'elle rougit de l'orgueil, & qu'elle ne trouve ſes motifs que dans le cri de la conſcience, que dans l'amour du devoir. Or, les inſtructions que vous recevez dans cette illuſtre Ecole, Meſſieurs, vous mettant dans le cas de ſervir un jour la Patrie, & d'en mériter la récompenſe, ne peuvent que vous être infiniment glorieuſes pour l'avenir.

Les hommes de tous les âges, de tous les climats, ſe firent un honneur comme un devoir de reconnoître une Patrie : chez les Nations les plus barbares il y eut des lois, des exemples qui tendoient à cet objet. Eh! comment pouvoir ſe refuſer au plus beau ſentiment de la nature, au juſte deſir de s'aider réciproquement, à cette ardeur enfin qui nous tourmente juſqu'à ce que nous ayons affermi notre exiſtence en repouſſant nos ennemis?

Il ſeroit ſans doute à ſouhaiter qu'il n'y eût parmi les hommes qu'un même intérêt, qu'une même ame, qu'une même volonté ; mais depuis que le péché de notre premier père a souillé la terre, le frère s'éleva contre le frère, & l'univers devint insensiblement un théâtre de carnage & de fureur; le plus fort s'empara de la portion du plus foible; &, sans les moyens que la Justice employa, nous n'aurions ni frontières, ni cités; les trônes les plus brillans se seroient changés en d'horribles tombeaux, & tout homme ne naîtroit que pour marcher sur des ruines, ou pour nager dans des fleuves de sang.

Graces vous soient à jamais rendues, ô mon Dieu! de ce qu'au milieu de ces malheurs inséparables de cette vie, vous avez bien voulu vous nommer vous-même le Dieu des armées, & prendre en main la cause des opprimés.

Jugez d'après ce simple coup d'œil, Messieurs, si les instructions qu'on vous donne journellement pour vous mettre en état de défendre nos possessions contre la violence des usurpateurs, ne ſont pas des inſtructions auſſi glorieuſes qu'elles puiſſent l'être : elles ſemblent maintenant aſſoupies dans vos cœurs, mais elles ſe reproduiront avec le plus grand éclat, quand le moment ſera venu de ſignaler votre courage & de manifeſter vos talens. C'eſt alors que, les circonſtances favoriſant votre mémoire & votre génie, vous appliquerez la ſcience que vous aurez acquiſe, ſoit en levant des plans relatifs à la poſition des troupes, ainſi qu'à celles des pays, ſoit en vous montrant pleins de courage aux tranchées comme aux aſſauts, aux lieux d'obſervations comme au milieu des combats ; c'eſt alors que vous reviendrez couverts du ſang de vos ennemis, revêtus de cette gloire qu'on vous inſpire, par l'attention avec laquelle on excite chaque jour votre zèle & votre courage.

Il me ſemble vous voir dans ces momens auſſi précieux pour vous que pour l'Etat, vous rappeler la théorie des armes, afin de la mettre en pratique; vous ſouvenir de cette tactique abſolument néceſſaire, & ſi bien développée dans les ouvrages qu'on vous met en mains; appeler enfin à votre ſecours, au moment du beſoin, ce que vous aurez retenu en liſant l'hiſtoire de la Nation, des exemples des plus fameux guerriers. Les Ecoles Militaires peuvent donc ſe comparer à des Arſenaux : on y trouve, non les armures du corps, propres à ſe défendre au milieu des ſièges & des batailles, mais les armures du génie; je veux dire ces connoiſſances qui dirigent ſûrement l'œil & la main, qui mettent la mémoire dans le cas de mettre en uſage la ſcience utile au Militaire, ſelon les circonſtances.

Car il ſuffit pour les ſoldats de ſavoir ſupporter la fatigue, de ſe montrer avec intrépidité, d'obéir aux ordres de leurs Officiers; mais pour des Militaires obligés de donner l'exemple, nés pour commander, ils ne peuvent, ſans manquer à leur honneur ainſi qu'à la Religion, ſur-tout lorſqu'une éducation royale les met en état de ſervir, ſe diſpenſer d'apprendre à fond l'art de la guerre : cet art qui conſiſte à régler les campemens, à diriger les marches, à connoître les forces de l'ennemi, à juger de ſa ſituation, de ſes attaques ; à ſe préparer des reſſources, à ſe ménager des iſſues pour ſavoir tromper les ruſes qu'emploie la fureur ou l'induſtrie.

La guerre doit s'apprendre, diſoit le Maréchal de Catinat, *comme une ſcience qui en ſuppoſe une infinité d'autres, & qui, ayant pour objet la gloire du Prince, la conſervation de la Patrie, enfin notre propre honneur, ne peut être trop cultivée.*

En effet, Meſſieurs, il n'y a rien de plus mépriſable & de plus pernicieux qu'un Chef ſur lequel repoſe toute une armée, qu'un Chef qui n'a ni principes, ni connoiſſances. Il faut qu'il s'abandonne lui-même, ainſi que l'Etat, au plus ſimple haſard, qu'il emprunte des lumières qui le ſervent mal, ou parce qu'il ne ſait pas les appliquer, ou parce que cette ignorance le rend la fable de ceux qui ſervent ſous ſes ordres. Les inſtructions qu'on vous donne, vous mettront à l'abri de ces terribles humiliations, non-ſeulement en vous rendant utiles à la Patrie, mais encore en vous méritant ſes récompenſes.

La Religion ne défend jamais d'acquérir le prix qu'on doit aux vertus. Son premier ſoin, il eſt vrai, eſt d'enviſager la gloire du Ciel, & d'avoir principalement ce ſublime motif dans toutes les entrepriſes, comme dans tous les travaux ; mais ſi la Patrie nous récompenſe, ſi le Prince reconnoît les ſervices qu'on a pu lui rendre, on doit accepter avec reconnoiſſance, non pour s'en prévaloir,

prévaloir, mais pour s'exciter encore plus à remplir les devoirs de sa profession ; aussi nous avons vu nos plus célèbres Guerriers s'élever aux grades qu'on accorde au mérite, ainsi qu'à l'ancienneté, & parvenir au faîte des honneurs que vous devez avoir en vue, comme une récompense digne des ames magnanimes. L'humilité n'est point incompatible avec les grandes places ; & si vous savez profiter des instructions qu'on vous donne, vous serez courageux sans témérité, fermes sans rudesse ; & plus on vous élèvera, moins vous aurez d'orgueil.

Ce qui ne met que trop souvent des obstacles à l'avancement des Militaires, c'est une humeur difficile, une présomption ridicule, une jalousie détestable, une ambition démesurée ; & c'est heureusement ce que vous apprenez à vaincre dans cette précieuse Ecole. On vous y répète continuellement qu'il ne faut employer, pour parvenir, qu'une fervente émulation; qu'il faut travailler de toutes ses forces à mériter les premières places, mais sans se plaindre & sans se décourager, si l'on ne peut les obtenir; qu'il faut sacrifier jusqu'à la dernière goutte de son sang, non pour des disputes personnelles, mais pour la cause commune; d'autant mieux que la vie d'un Militaire appartient au Prince, ainsi qu'à la Patrie, & qu'il ne peut en disposer que du consentement de l'Etat.

Eh! que sont ces duels, dites-moi, je vous prie, que le préjugé regarde comme le signal de la bravoure & de l'honneur, sinon des actes de frénésie produits par la colère, consommés dans la rage, & qui ne sont pas moins horribles aux yeux du patriotisme, qu'à ceux de la Religion? Car enfin, si chaque Militaire sacrifioit ses jours à son gré, que deviendroient les forces du Royaume? que deviendroit le Royaume lui-même ? Ce tableau fait frémir !

Qu'oppofer à ce malheur, Meffieurs ? La fageffe & l'honnêteté, ce font les deux meilleures fauve-gardes de la vie & de l'honneur. On n'eft ordinairement engagé dans des affaires périlleufes, que lorfqu'on fréquente les jeux, & tous ces lieux de perdition, où la raifon s'oublie de la manière la plus révoltante. Le Militaire, modéré dans fa conduite, réfervé dans fes propos, fe garantit de de tous les funeftes écarts, & il ne réferve fa valeur que pour en donner des marques quand il faut marcher contre l'ennemi : c'eft-là, Meffieurs, que la véritable bravoure vous attend, & non dans ces arènes, où, comme des Gladieurs effrénés, on s'arrache la vie pour un fimple mot.

Et penfez-vous, Meffieurs, que fi les duels étoient réellement des actes d'honneur, nos auguftes Monarques, dont la gloire ne s'éclipſe jamais, jureroient à leur Sacre de les détruire? Penſez-vous que les Pairs de la Nation, la plus brave de l'univers, voudroient abolir ce qui ſeroit magnanime & glorieux? Tout ce qui ſe trame dans les ténèbres ne peut être qu'une œuvre d'iniquité: la ſageſſe des leçons qu'on vous donne ſur cet article eſſentiel, vous ſervira de bouclier contre les traits de ces hommes querelleurs & tumultueux dont il faut éviter le commerce, & qu'on ne regarde plus heureuſement dans les troupes que comme des êtres qu'il faut abhorrer & fuir.

Vous ne lirez dans la vie des Guerriers qu'on vous propoſe pour modèles, ni des combats particuliers, ni des actes de fureur; mais vous y lirez des prodiges de bravoure, tant ſur terre que ſur mer, quand le bien de la Patrie l'exige. Ce ſont alors des lions, ou plutôt des François dont le ſang s'échauffe, & ſe répand avec la plus vive ardeur ; telle eſt la conduite des véritables héros : doux dans le commerce de la vie, bons envers les ſoldats, honnêtes avec tout le monde, ils ne connoiſſent la violence, que pour terraſſer l'ennemi.

Malheur à ceux dont le dernier ſouffle eſt l'effort de la haine & de la colère : oubliés dans ce monde preſque auſſitôt qu'ils expirent ; perdus pour jamais dans l'autre, où il n'y a point de rémiſſion pour ceux qui meurent au ſein de la rage & du déſeſpoir, on ne peut que frémir en ſe rappelant leur tragique hiſtoire. L'homme qui meurt en défendant ſa Patrie, n'a ni le cœur ulcéré, ni l'ame bleſſée ; il ſe bat, il rend le dernier ſoupir ſans reſſentir la moindre animoſité : quelle précieuſe mort ! quel triomphe !

C'eſt ainſi qu'on mérite auprès de la Patrie, & qu'on eſt sûr d'être cité comme modèle aux races futures, & de ſervir d'encouragement à ses amis, à ses proches. Les honneurs militaires vous investiront si vous savez vous renfermer dans les bornes que je viens de vous prescrire, & qui ne sont que les conséquences des leçons qu'on vous donne : rendez vos ames attentives à de tels préceptes ; pénétrez-vous de la morale sublime dont on nourrit ici vos cœurs & vos esprits, & vous semerez vous-mêmes les lauriers dont la prudente valeur se couronne. Il ne suffit pas de mourir pour acquérir de la gloire ; car ce n'est pas la mort qui fait les martyrs, dit saint Augustin, mais la cause pour laquelle on meurt, *non pœna, sed causa* : aussi voyons-nous que la France ne plaça jamais dans ses fastes les hommes qui périrent pour des prétentions chimériques, ou pour des rixes particulieres, malgré leur naissance, & leurs qualités personnelles.

Laissez à la Patrie le soin de vous

offrir des palmes; travaillez ſeulement à vous en rendre dignes. Vous ne pouvez ſervir cette généreuſe mère avec trop de zèle & de fidélité, & vous ne ſauriez trop reconnoître les ſoins & les peines des Inſtituteurs qui vous procurent les vrais moyens de le faire de la manière la plus honorable. Ce ſont eux, Meſſieurs, qui vous mettent pour ainſi dire en main les inſtrumens de votre propre gloire, en fortifiant vos cœurs contre les périls dont la jeuneſſe eſt environnée, en rempliſſant vos ames de cette magnanimité, qui, après avoir fait de vous des héros ſur la terre, en fera des ſaints dans le Ciel.

Ainſi ſoit-il.

SERMON
POUR
LE TROISIÈME DIMANCHE
DE CARÊME,
Sur la Noblesse.

Cùm fortis armatus custodit atrium suum, in pace sunt ea quæ possidet.

Lorsque le fort armé garde sa maison, tout ce qu'il possède est en sûreté.

De l'Evangile de ce jour, selon S. Luc, cap. 2.

TEL est, Messieurs, le caractère des véritables Chrétiens : armés d'un saint courage, revêtus d'une force toute céleste, ils foulent les passions, ils bravent les dangers, & la grace qu'ils possèdent, quoique dans des vases fragiles, triomphe des ennemis du salut, & conserve leur cœur sans tache : tel est aussi le caractère de la véritable Noblesse. Ces hommes privilégiés, que nos Rois distinguèrent de la foule par des titres & par des récompenses, employèrent dans tous les temps leurs forces & leur intrépidité pour soutenir l'éclat de la couronne, & pour assurer la paix dans l'Etat par des victoires signalées. *Cùm fortis armatus custodit atrium suum, in pace sunt ea quæ possidet.*

Tels vous devez être, Messieurs, pour répondre aux intentions de notre auguste Monarque, à l'attente de la Patrie, aux exemples de vos aïeux. Ils ne vous ont transmis leur noblesse que pour vous exciter à les faire revivre : voilà, vous disent-ils par leurs cendres, par leurs épitaphes, par leurs portraits, ce que nous fûmes autrefois, ce que vous êtes obligés d'être, ne dégénérant en rien de notre bravoure & de notre zèle, en ſoutenant comme nous les intérêts du Royaume, la gloire du nom François. *Cùm fortis armatus cuſtodit atrium ſuum, in pace ſunt ea quæ poſſidet.*

Qu'elle eſt digne de reſpect cette Nobleſſe qui remplit nos faſtes de ſes trophées, qui nous montre par-tout des veſtiges de ſa valeur, de ſon intégrité! mais qu'elle eſt mépriſable, lorſque, ſe livrant à la molleſſe, elle s'avilit au ſein des plaiſirs; lorſqu'oubliant ſes devoirs, ſon origine, ſa grandeur, elle ne s'élève au deſſus des autres, que pour vexer des voiſins, tyranniſer des vaſſaux, donner de mauvais exemples.

Mon intention, Meſſieurs, eſt de vous préſenter ce double tableau par une vive peinture; premièrement, des vertus qui ſont néceſſaires pour ſoutenir le titre de Noble; ſecondement, des vices qui le dégradent. *Ave, Maria.*

PREMIÈRE PARTIE.

Ce fut à la guerre, Meſſieurs, ce fut en répandant leur propre ſang, que nos premiers Gaulois s'illuſtrèrent & méritèrent des titres. On les proclama ſur le champ de bataille, on les couronna de lauriers, & ce cri public devint le premier ſignal de leur gloire, & le premier droit qu'ils acquirent aux honneurs. On marqua dans la ſuite par des emblêmes figuratifs leurs victoires & leurs conquêtes, ce qui fut le principe des armoiries. Les Rois, depuis ces époques, furent ſingulièrement attentifs à diſtinguer par des privilèges ceux dont la valeur ſe manifeſta plus évidemment ; ils créèrent des charges, des dignités, tant pour exciter l'émulation, que pour donner des récompenſes ; & dans les premiers temps de la Monarchie, nous voyons la naiſſance de ces grandes familles, dont la perpétuité nous a procuré tant d'hommes illustres, tant de héros.

La Noblesse est le plus pesant fardeau que puisse porter une ame foible & pusillanime : il faut être comme les premiers hommes qui la méritèrent, pour avoir droit de s'en glorifier. Sans doute il n'est pas fort honorable de ne se trouver dans une ligne de Gentilshommes que pour faire nombre ; de n'y paroître qu'avec un simple nom qu'on a porté sans mérite comme sans illustration, & de ne sortir de sa propre obscurité, que lorsqu'il est question d'une généalogie. N'est-il pas admirable au contraire, de renchérir sur des aïeux par des actions éclatantes, de resserrer les liens du Monarque avec sa famille, de faire revivre la gloire de ses pères, en ajoutant un nouveau lustre à leur splendeur; de forcer enfin la Nation a conclure qu'on est vraiment né d'un sang illustre, &

que les descendans valent bien leurs ancêtres?

Il ne suffit pas, Messieurs, pour être vraiment Noble, de n'avoir en partage que de la bravoure; il faut que l'intrépidité soit accompagnée de la prudence & de la modération; que ni l'ambition, ni l'orgueil, ne viennent point gâter le mérite d'une belle action; que l'on soit avoué de la patrie, comme n'ayant fait que ce qu'on devoit faire; il faut, enfin, que ce ne soit ni au détriment des autres, ni sans manquer à la subordination. Il est des momens où il faut savoir réprimer son courage, pour se tenir à la place que les chefs ont assignée: sans cela, Messieurs, nos armées ne seroient plus qu'horreur & confusion, & sur-tout parmi des François qui voudroient continuellement répandre le sang qu'une ardeur bouillante fait pétiller dans leurs veines.

D'ailleurs, Messieurs, l'honneur attaché à la Nobleſſe n'eſt point une vertu qu'on puiſſe quitter & reprendre à ſa volonté ; l'honneur a d'autres devoirs que celui de ſe ſignaler à la guerre : il doit élever les ſentimens, donner à l'ame une magnanimité généreuſe envers les amis, libérale à l'égard des indigens, modeſte dans la proſpérité, patiente dans l'adverſité. L'on aura beau vanter l'ardeur à ſe venger d'une injure, préconiſer cette bravoure cruelle, qui s'enflamme pour une parole, qui enlève la vie d'un homme pour un geſte, ou pour un ſimple regard : l'honneur ne conſiſte ni dans le ſang qu'on verſe, ni dans la hauteur qu'on affecte, mais dans le motif qui nous anime.

Il eſt une gloire eſſentielle à la vraie Nobleſſe, qui la diſtingue du vulgaire, qui lui donne l'empreinte de la majeſté même. Tous les Nobles, faiſant en quelque ſorte corps avec le Souverain, doivent participer à l'éclat du trône, ſe faire remarquer par une certaine dignité qui caractérise les ames bien nées, se montrer de loin d'une manière qui leur attire des respects, c'est-à-dire, avec cette élévation qui place l'homme au dessus des opinions populaires, & qui lui mérite la considération qu'on doit à la véritable grandeur.

Mais la Noblesse est une qualité qui doit être plus inhérente à l'ame que tous les titres qui la constituent. Eh! que seroit-ce qu'une distinction honorifique, qui n'aboutiroit qu'à donner des droits & des privilèges dont on abuseroit à sa volonté, pour devenir intraitable, impérieux? Si l'on vit ce malheur dans les temps barbares où l'on se croyoit tout permis, parce qu'on avoit des fiefs & des qualités, bientôt la sagesse de nos Rois fit usage de l'autorité que Dieu lui-même leur mit entre les mains pour réprimer ces abus: ils voulurent que la Noblesse donnât, plus que toute autre profeſſion, des marques de modération & d'équité ; de ſorte qu'il n'y a plus d'honneur parmi vous, Meſſieurs, que celui qui conſiſte à rendre à Dieu ce qui appartient à Dieu, à Céſar ce qui appartient à Céſar ; que celui qui ne donne une parole qu'avec réflexion, & qui s'en rend eſclave ; que celui qui fait aimer la vertu par l'exemple, & qui, prêt à ſe dépouiller de tous les biens plutôt que de commettre une injuſtice, n'écoute que la probité, ne ſuit que la loi : ſans cela, Meſſieurs, on n'auroit fait autre choſe que de former des tyrans en créant des Nobles, & chaque contrée redouteroit votre exiſtence comme un fléau. Ainſi, plus la Patrie vous a donné de titres, plus elle vous a comblés de bienfaits, plus elle a de droit d'exiger que vous ſoyez magnanimes dans vos ſentimens, ſublimes dans vos idées ; que vous conſacriez votre temps à l'étude, relative à l'étendue de vos devoirs, à la dignité de votre rang ; que vous deveniez enfin fermes ſans rudeſſe, généreux ſans profuſion, pieux ſans ſuperſtition.

L'Evangile n'a jamais prétendu confondre les conditions ; & juſques dans le Ciel même, dont la terre eſt l'image, il y a pluſieurs demeures : mais ce ſeroit un abus intolérable de ſe prévaloir des avantages que donne la Nobleſſe, pour mépriſer des domeſtiques ou des vaſſaux. Les ſueurs de ceux qui travaillent pour nous alimenter & pour nous ſervir, ſont en quelque ſorte ſacrées. Que je vole à leur ſecours, dit l'homme vraiment Noble ; que j'allège leur fardeau ; que je charme leurs peines ; que je leur faſſe connoître par des largeſſes combien je les chéris ! Tel eſt le langage que chaque Gentilhomme doit tenir envers ceux qui ont beſoin de ſon aſſiſtance & de ſa protection : il eſt obligé de les porter dans ſon ſein, de les réchauffer en hiver, de les soigner lorsqu'ils sont malades, à moins que les moyens ne lui manquent; & alors il trouve l'occasion de les recommander, & de leur procurer des avantages.

Nobles & riches, s'écrie saint Chrysostôme, c'est de vous que l'Eglise & l'Empire attendent des actions qui relèvent l'éclat de la Religion, qui soutiennent l'Etat ; & c'est par vous que le bien s'opère. Les Pasteurs, jaloux de voir régner le bon ordre & la vertu parmi les ouailles, sont assurés de réussir, quand leur zèle est appuyé de la bonne volonté des Seigneurs ; alors il règne un saint concert dans les Paroisses, & le plus foible se trouve aidé par le plus fort, le plus pécheur par le plus juste, le plus pauvre par le plus opulent.

La Noblesse militaire est une taxe envers la Patrie ; vous êtes obligé de lui payer plus que l'artisan, plus que le laboureur, en lui donnant jusqu'à votre ſang, lorſque le requiert le beſoin de l'Etat ; & pour les Nobles qui ne prennent pas le parti des armes, ils ſont chargés de donner des exemples qu'on n'attend pas du peuple. Oui, Meſſieurs, on en appellera de vous à vos aïeux, ſi vous n'agiſſez que comme le vulgaire, & ce parallèle vous couvrira de confuſion. Il n'y a plus moyen de vous en dédire ; c'eſt votre naiſſance qui vous impoſe les devoirs que commandent la probité, l'honneur & le courage ; autrement vous aurez dégénérés. Il ſeroit abſurde, ſelon le langage de l'Ecriture, de cueillir ſur des épines des raiſins ; vous devez tenir au cep d'où vous tirez votre origine, à l'arbre dont vous êtes les branches, à la ſource dont vous êtes les ruiſſeaux.

Ainſi, ſoit que vous entriez dans le ſanctuaire, ſoit que vous portiez les armes, ſoit que vous vous aſſeyez parmi les Magiſtrats, votre vie doit être pleine, irréprochable, digne des noms qui vous ont été transmis. On vous regarde, Messieurs, on vous suit ; & la postérité, qui n'est rien pour le peuple, est pour vous un objet important. Tout noble doit travailler à mériter son suffrage, mais sans ambition, sans orgueil, uniquement par honneur, & sur-tout par Religion ; c'est un point de vue qui ne peut échapper à l'homme qui desire se signaler par la vraie grandeur. La parole d'un Noble n'a pas toute la vérité dont elle doit être revêtue, si elle ne tient à la conscience comme à la Religion. Examinez les anciens contrats déposés dans vos familles, les testamens qui vous ont procuré des possessions, & vous y trouverez toujours quelque clause pour la Religion. Je ne suis plus en peine de ce que vous deviendrez, si cette divine Religion préside à vos actions, devient l'ame de vos démarches : c'est par elle que nos plus grands Généraux s'acquirent une gloire immortelle. Rien de plus terrible & de plus triste que de ne lire que des qualités profanes sur la tombe d'un Militaire ; c'est alors qu'on gémit intérieurement de voir ses cendres déposées dans un temple où tout lui reproche son irreligion. Prévenez ce malheur, Messieurs : en acquérant les vertus requises pour soutenir le titre de Noble, en vous préservant des vices qui le dégradent, je vais vous les développer dans ma seconde partie.

SECONDE PARTIE.

LA Noblesse, quelque éclat que lui donnent les richesses & les dignités, ne peut se soutenir que par la vertu. Comme elle prend sa source dans l'honneur, & que l'honneur ne souffre aucune tache, elle doit être aussi pure que le soleil. Les vices sans doute sont l'opprobre de l'humanité, & il n'y a point de condition, quelque vile qu'on la suppose, qui ne soit obligée de s'en garantir; mais les vices du peuple se perdent pour ainsi dire dans la foule, au lieu que ceux des Nobles deviennent publics; ils passent de bouche en bouche, &, scandale chez les uns, exemple chez les autres, ils donnent une impression à leur siècle, qui s'étend jusques sur la postérité.

Qu'y a-t-il en effet de plus affreux que de voir les titres honorables donnés par nos Rois à la vertu comme à la valeur, profanés par l'ambition, par la débauche, par l'impiété? Dès le moment qu'un Gentilhomme commence à se connoître, il doit lire dans les fastes de la Noblesse ses obligations; il doit se dire, je ne suis pas le maître de vivre à mon gré, mais je suis l'homme de la Patrie, l'homme qui se trouve forcé de perpétuer l'honneur

& la probité chez la génération future : ſans cela, Meſſieurs, on ne ſe verroit ſupérieur aux autres que pour être plus vicieux.

Je m'abſtiendrai de vous parler de cette ignorance profonde qui malheureuſement caractériſa pluſieurs ſiècles ; de cette intempérance qui ne fut, hélas ! que trop ſouvent la paſſion dominante de nos aïeux. Une ſage éducation nous a tellement préſervés de ces vices, qu'on ſeroit aujourd'hui déſhonoré ſi l'on n'avoit nulle connoiſſance des lettres, ſi l'on ſe livroit aux excès de la table. L'ignorance n'eſt plus que le partage du peuple, & un Gentilhomme eſt en quelque ſorte flétri, pour peu qu'il ſe mette dans le cas de noyer ſa raiſon : mais cela n'empêche pas qu'il n'ait d'autres vices auſſi redoutables pour ſes mœurs, auſſi humilians pour ſa naiſſance.

Que ne dirai-je point ici de cette

audace effrénée, qui ne délie que trop ſouvent la langue des Militaires ; qui les rend frondeurs contre la Religion, contre le Gouvernement ; qui les lance dans des diſputes, dont les ſuites funeſtes ſe font connoître par des effuſions de ſang ? On ne ſe croit que trop ſouvent en droit de tout dire, parce qu'on eſt Noble, & l'on débite inſenſiblement les plus ſéditieux propos contre les perſonnes conſacrées par le choix qu'en a fait le Souverain pour les mettre dans les premières places, ou contre les Miniſtres d'une Religion auſſi ſainte que ſublime.

La vraie Nobleſſe, circonſpecte dans ſes diſcours comme dans ſes actions, ne connoît que le langage de la décence & de la modération : ſe regardant toujours comme devant rendre compte de ſa conduite à tout le monde, elle ſe met dans le cas de n'avoir point de reproches à craindre.

Quelle

Quelle honte pour un Gentilhomme qui, confondu avec le vulgaire par la baſſeſſe de ſes ſentimens, ou par ſon ardeur à fréquenter la mauvaiſe compagnie, ſe dépouilleroit de la conſidération qui lui eſt due! alors il rentreroit dans la claſſe de ces gens oiſifs qu'on n'oſe citer, & qu'on mépriſe; alors il ſeroit mille fois moins eſtimable que l'homme qui travaille de ſes mains, & que celui qui eſt aux gages de ceux qu'il ſert.

Il eſt un vice qu'on voudroit mettre au rang des vertus, en lui donnant l'empreinte de la grandeur & de la magnanimité: je parle de l'ambition; mais outre que la Religion la proſcrit, comme abſolument incompatible avec l'humilité chrétienne, elle fait deſcendre l'homme à tant de baſſeſſes, elle l'engage à tant d'intrigues, elle lui fait tramer tant de myſtères d'iniquités, qu'elle eſt odieuſe au Philoſophe même comme au Chrétien. Que de malheurs dans nos hiſtoires, qui naquirent de l'ambition ! Tout eſt à ſes ordres lorſqu'elle veut parvenir à ſes fins. On contrefait juſqu'à la Religion même, dit ſaint Bernard, lorſqu'on eſt ambitieux, pour ſéduire les ſimples, & pour obtenir des places qui ne ſont dues qu'à la vertu. L'émulation eſt le ſeul deſir qui vous ſoit permis, pour travailler à votre avancement. Lorſqu'on s'en tient à ce deſir tempéré, qu'on peut appeler la vertu des grandes ames, on ne heurte point les maximes de l'Evangile ; on n'écarte point les concurrens, & l'on ne parvient que par ſon propre mérite, ſans employer la baſſeſſe & l'intrigue.

Je ne ſais comment vous peindre ici cette paſſion funeſte, dont il eſt même dangereux de parler, & qui, par les malheurs qu'elle entraîne, fut tant de fois la perte des familles, le fléau des Royaumes, la ruine des mœurs, la honte de l'humanité. L'homme est sans doute né pour aimer, mais dans les bornes légitimes que lui assigne l'Auteur de la Nature, mais selon les règles que la Religion prescrit ; autrement on devient le jouet du libertinage, on dissipe son bien, on perd sa réputation, on néglige ses devoirs, on ruine sa santé.

Que de Militaires, grand Dieu ! qui donnèrent les scènes les plus scandaleuses, en se livrant à la passion pour laquelle on ne sauroit avoir trop d'horreur ! Elle engage à tenir les propos les plus licencieux, à fréquenter les personnes les plus décriées, à se faire remarquer comme un jeune homme qui n'a ni conduite ni retenue. Hélas ! l'homme est environné de tant de misères sur lesquelles il doit gémir, qu'il devient coupable quand il réserve sa sensibilité pour des amours profânes.

On s'imagine communément dans le

militaire, qu'il faut ſe livrer aux plaiſirs ſenſuels pour ne pas ſe diſtinguer des autres; mais faudra-t-il donc boire dans une coupe empoiſonnée, dit ſaint Bernard, parce que le plus grand nombre y boira? La débauche flétrit l'ame, & la Nobleſſe qui s'y livre s'énerve infailliblement, & ſe rend incapable de ſervir l'Etat avec énergie : ajoutez à ce récit, qu'un amour déſordonné conduit à faire des alliances diſproportionnées, à vivre d'une manière ſcandaleuſe au milieu de ſon propre pays, ſouvent à quitter le ſervice lorſqu'on devroit le continuer, à ruiner enfin ſa fortune. Que de dépenſes, en effet, ſuperflues, lorſqu'on ſe fait une idole d'un objet qu'on doit éviter? Il n'y a rien qu'on n'emploie pour lui plaire; on donne dans le luxe des équipages, des domeſtiques, des habits; & voulant aller de pair avec les grands de la Nation, on ne ſacrifie que trop ſouvent ſon patrimoine pour ſe repaître d'une ridicule vanité. Il en eſt de même du jeu, qui dépouille preſque tous ceux qui s'y livrent, de manière à les laiſſer ſans aucune reſſource & ſans aucun eſpoir. Vous aurez mille fois occaſion de voir des Militaires qui furent la victime de ſes caprices & de ſes rigueurs ; & ce qu'il y a de plus humiliant, c'eſt qu'après avoir ruiné la fortune du négociant, par des dettes qu'on a contractées ſans intention d'y ſatisfaire, après s'être ruiné ſoi-même par des excès, on oſe aſſiéger les Miniſtres pour leur demander des gratifications, comme ſi l'on avoit uniquement dépenſé ſon bien pour le ſervice de la Patrie, & comme ſi l'Etat ſe trouvoit obligé de payer les dépenſes folles qu'entraînent le libertinage & la profuſion.

La hauteur, qu'on ne doit pas confondre avec cette noble fierté qui convient à la condition d'un Militaire, eſt un autre vice qui avilit la Nobleſſe au lieu de la relever. On eſt ordinairement inhumain lorſqu'on eſt glorieux ; &, s'il n'y a que trop ſouvent des ſcènes de carnage & d'horreur au milieu des troupes, on doit s'en prendre à l'orgueil. On ſe fait un devoir de ne rien céder, on ſe met au deſſus de ceux qui parlent, on porte ſon jugement d'un ton impérieux, on répond avec arrogance ſi l'on eſt inférieur, on commande en deſpote ſi l'on eſt au plus haut rang ; & de-là, cette méſintelligence, cette jalouſie, cette haine qui déſolent les armées. On tolère ces vices chez un homme groſſier ; mais ils ſont inſupportables chez celui qui a la nobleſſe en partage, & qui doit avoir reçu le bienfait d'une ſeconde exiſtence, par le moyen d'une heureuſe éducation : il n'y aura plus de différence entre la Roture & la Nobleſſe, ſi le Gentilhomme ſe laiſſe gourmander par les inclinations du peuple ; il ſera comme l'homme de la campagne, menteur, ruſtique, intraitable, jureur.

Ce ſeroit ſans doute ici le lieu de s'étendre ſur la malheureuſe habitude d'outrager le ſaint Nom de Dieu par des imprécations & par des ſermens. Anathême à quiconque oſe blaſphémer contre le Tout-Puiſſant ! Outre que ce langage ſacrilège attaque directement la Divinité, il eſt celui du plus vil peuple, & la Nobleſſe en conſéquence ne ſauroit trop en avoir d'horreur : le Gentilhomme doit éviter les juremens, non-ſeulement parce que cette manière de parler eſt contraire au ton de la bonne compagnie, mais encore parce qu'il n'y a rien qui ſoit plus révoltant aux yeux même de la raiſon.

Je n'oſe parler de la lâcheté. Je ſuis perſuadé, Meſſieurs, qu'aucun d'entre vous ne connoîtra ce vice bas & rampant, qui expoſe à toute l'ignominie, & qui mérite toutes les flétrissures. La Noblesse doit pour ainsi dire servir de frontière à l'Etat, de rempart contre l'ennemi. Le fer, le feu, les précipices, la mort, rien ne doit effrayer le Militaire qui sert son Prince, & qui lui a voué ses jours & sa vie. Voyez ce pauvre soldat : sans espoir de lire son nom dans les papiers publics, sans le desir même d'être jamais connu, il court au premier signal se plonger dans les flammes & dans les eaux. Que ne devez-vous pas faire à plus forte raison, vous, dont l'illustration augmente celle de vos ancêtres ; vous, dont la moindre action est éternisée par des récits & par des récompenses ; vous enfin, dont les noms passent dans l'histoire, & font partie des annales de la Nation ?

O Noblesse Françoise ! vous êtes entourée de mille exemples qui vous encouragent à ne jamais dégénérer. Nos mers sont encore couvertes d'une multitude de Guerriers, qui prouvent qu'un Gentilhomme eſt réellement né pour payer de ſon ſang ce qu'il doit à l'Etat. Vous brûlez déja, j'en ſuis ſûr, du deſir de les ſuivre : ce moment viendra; mais pour le faire avec autant de gloire que de ſûreté, ornez vos ames de toutes les vertus qui honorent la Nobleſſe, écartez-en les vices qui la dégradent; ſouvenez-vous auſſi qu'il n'y a pas de titre plus précieux que celui de Chrétien : le ſceau du Chriſtianiſme eſt le ſeul qui ſubſiſte après la mort, & qui nous ouvre les portes de la Jéruſalem céleſte, où il n'y a rien de grand que Dieu, rien de noble que la vertu.

Ainſi ſoit-il.

SERMON

POUR

LE QUATRIÈME DIMANCHE

DE CARÊME,

Sur l'obligation d'exercer l'Humanité dans la profession des Armes.

Accepit Jesus panes, & cùm gratias egisset, distribuit discumbentibus.

Jésus-Christ ayant béni les pains, & ayant rendu graces, il les distribua.

De l'Evangile de ce jour, en saint Jean, Ch. 6.

QUAND nous vous exposons, Messieurs, les dogmes que la Foi nous oblige de croire, nous vous parlons des vérités relatives à la Religion Chrétienne ; mais quand nous prêchons les devoirs que nous impose l'humanité, nous annonçons ce que toutes les sociétés de l'univers, les idolâtres comme les fidèles, les peuples sauvages comme les nations policées, reconnoissent & pratiquent ; nous vous rappelons ce que Jesus-Christ lui-même daigna religieusement observer pendant les jours de sa vie mortelle, pour nous servir de leçon & d'exemple : *Accepit Jesus panes, & cùm gratias egisset, distribuit discumbentibus.*

Tantôt, touché de la mort de Lazare, il verse des larmes ; tantôt il gémit sur les malheurs qui menacent Jérusalem ; ici, il rend la vue aux aveugles, le mouvement aux paralytiques; là, il multiplie les pains & les poissons pour nourrir un peuple immense. *Accepit Jesus panes, & cùm gratias egisset, distribuit discumbentibus.*

Il faut que l'homme ſoit dénaturé, dit ſaint Auguſtin, s'il n'eſt pas charitable & miſéricordieux. Tout le conjure d'aimer ſes ſemblables & de leur faire du bien : auſſi voyons-nous que, malgré les progrès du luxe & la dépravation des mœurs, l'avarice eſt toujours en horreur, & que l'homme dur, inflexible, intraitable, paſſe pour un monſtre.

On ne preſcrira jamais contre l'humanité, ſes fondemens ſont auſſi ſolides que la nature même ; & ce qui vous étonnera peut-être, Meſſieurs, c'eſt qu'elle doit vous être plus précieuſe qu'à tout autre ; premièrement, comme étant un devoir qui vous eſt ſpécialement recommandé ; ſecondement, comme vous offrant plus qu'à perſonne les occaſions de l'exercer.

Ave, Maria.

PREMIÈRE PARTIE.

Si le Créateur ne nous eût donné que des impreſſions ſenſibles, nous aurions cela de commun avec les plus vils animaux ; mais il a voulu que l'homme, ſon chef-d'œuvre, éprouvât dans ſon propre cœur des affections ſublimes, qui l'engagent à voler au ſecours de ſon ſemblable toutes les fois qu'il eſt dans le beſoin & dans l'affliction. Je ne vous parlerai point ici de ces momens précieux où l'enfant s'annonçant par des cris, & ſa tendre mère lui répondant par des larmes, commencent par jeter les fondemens des ſociétés qui nous lient, & qui font notre conſolation dans cette vie ; je ne vous parlerai point de ce temps où l'enfance venant à ſe développer, elle reçoit une ſeconde exiſtence des maîtres qui lui donnent des leçons & des exemples d'humanité : vous avez déja passé, Messieurs, par ces deux degrés, & vous êtes bientôt à portée d'exercer vous-mêmes ces actes de bienfaisance, que la nature & la Religion exigent de vous.

Quel grand spectacle pour des ames bien nées, que cette immense société qui doit incessamment s'offrir à vos yeux ; & qui, quoique composée d'une multitude innombrable d'êtres différens par l'esprit, par le caractère, par les goûts, par les inclinations, a des droits incontestables sur tous nos cœurs !

Vous allez être au milieu de ce monde, que les nécessités assiègent, que les passions agitent, que les intérêts occupent ; & vous vous y trouverez forcés de payer, tantôt de vos larmes, tantôt de vos biens, souvent de vos conseils, & toujours de vos exemples : je dis payer ; car l'humanité est une dette sacrée que tout homme contracte en naissant, & que, par votre état de Militaire, vous devez acquitter plus que tout autre. Oui, Meſſieurs, plus votre profeſſion vous expoſe à ces combats d'horreurs, à ces carnages ſanglans, où la nature effrayée ſemble ſe confondre avec des monceaux de cadavres, & plus vous êtes obligés d'avoir des entrailles de miſéricorde, de gémir ſur les malheurs de l'humanité, & de faire tout ce qui dépend de vous pour courir au ſecours de ceux qui ſervent ſous vos ordres, & vous reſpectent comme leurs chefs.

Je tremble à la ſeule idée d'un corps militaire, qui, nourri pour ainſi dire au milieu du fer & du feu, n'auroit en partage qu'une brutale valeur. Grand Dieu ! quelle déſolation ne ſeroit-ce pas pour les campagnes ! quelles allarmes dans les cités ! quel effroi pour toute la Patrie ! L'on ne verroit que des gens indiſciplinés, qui, les armes à la main, pourſuivroient leurs semblables comme des bêtes féroces; on n'en tendroit que des gémiſſemens affreux; & bientôt la terre mugiroit ſous les pas des combattans. Mais une armée, ſous l'étendard de la bienfaiſance & de l'équité, ſous les auſpices de la Religion & des Loix, ne marche qu'avec circonſpection, ne combat que par néceſſité, ne triomphe qu'avec modeſtie, ſe ſouvenant que l'homme n'eſt pas né pour détruire ſes ſemblables; & que lorſqu'il s'y trouve forcé, ce n'eſt que pour défendre ſon Prince & ſa Patrie.

Qu'un Militaire eſt digne d'admiration, lorſqu'il revendique au prix de ſon ſang l'héritage de ſon Prince, & ſe modère en même temps de manière à profiter de ſa victoire plutôt en frère qu'en ennemi; lorſqu'il donne tout l'eſſor poſſible à la bravoure & contient la fureur; lorſqu'il pleure ceux même qu'il eſt forcé d'immoler à ſon devoir! Ainſi vit-on Louis XV meſurer de ſes yeux un terrain immenſe que couvroit une multitude de morts & de mourans, & verſer ſincèrement des larmes après la bataille de Fontenoy. Ainſi entendit-on Turenne plus d'une fois s'écrier : *Déplorons la dure néceſſité qui nous oblige de répandre le ſang humain!*

En effet, Meſſieurs, ſi l'on penſoit à ce qu'il en coûte de ſueurs & de ſoins pour maintenir dans une juſte circulation ce ſang qu'on prodigue, pour des cauſes quelquefois injuſtes & trop ſouvent légères; ſi l'on penſoit qu'en interrompant ſon cours on détruit dans un moment des hommes qui ont eu beſoin de pluſieurs années pour atteindre la maturité, qu'on extermine des êtres qui auroient pu devenir de dignes pères de familles, des ſavans, des héros; on aimeroit mieux ſacrifier ſes intérêts perſonnels, que d'en venir à de pareilles extrémités.

Mais, loin d'avoir ces ſentimens magnanimes, l'on desire ardemment la guerre, quoiqu'elle soit un fléau, par la seule raison qu'on préfère son propre intérêt au bien public, & qu'on devient égoïste au lieu d'être citoyen. Mais l'existence de nos frères n'est-elle pas la nôtre ? Et malgré la diversité des conditions, n'avons-nous pas les mêmes prérogatives, les mêmes espérances, la même destinée ? C'est ce qui faisoit dire à saint Chrysostôme qu'il ne respectoit le glaive dans la main des guerriers, qu'autant qu'il étoit employé à soutenir une bonne cause, à ne verser le sang qu'avec réserve.

Loin donc d'ici les pensées de carnage & de sang : quiconque ne ménage pas celui des ennemis mêmes, eût-il tous les talens possibles & toute la valeur, ne mérite pas de porter les armes ; il faut qu'il aille combattre les lions & non pas les hommes. Le Dieu que nous adorons est un Dieu de paix ; le Prince que nous ſervons eſt un Monarque bienfaiſant, ſelon le précieux privilège de ſon auguſte Maiſon. Tout Militaire François, en qualité de Chrétien & de Citoyen, contracte le double devoir de n'employer ſes armes qu'avec prudence & qu'avec ſoumiſſion. Eh ! qui doit mieux goûter cette morale que des jeunes guerriers, qui ne ſont gratifiés par la Patrie d'une heureuſe éducation, que pour ménager le ſang de ſes enfans en défendant ſes intérêts ?

Car, Meſſieurs, plus l'ame eſt élevée, plus on eſt humain, plus elle a d'énergie, plus on s'unit intimement à cette maſſe précieuſe qui conſtitue la ſociété. De-là, ce généreux élan de tant d'illuſtres guerriers, qui ſe jettèrent ſur les ennemis mourans, non pour couronner un funeſte triomphe, mais pour les rappeler à la vie par les ſecours les plus prompts & les plus efficaces. De-là, ces ordres tant de fois donnés, ces exemples ſi ſouvent réitérés, pour procurer à ceux qu'on faiſoit priſonniers tous les ſoulagemens dont ils avoient beſoin.

Nous baiſons avec la plus vive reconnoiſſance la cendre des hommes qui moururent pour la Patrie ; nous viſitons avec tranſport les monumens qui nous rappellent leur gloire & leurs noms : mais s'ils n'avoient été que des ravageurs de Provinces, s'ils n'avoient eu pour objet que le barbare plaiſir de contenter leur ambition ou d'aſſouvir leur fureur, nous renverſerions leurs ſtatues & nous déteſterions leur ſouvenir. Point de véritable héroïſme ſans humanité ; de ſorte, Meſſieurs, qu'en vous la préſentant comme un guide fidèle de vos actions, je ne crains point de donner atteinte à votre valeur. Nous ne frémiſſons au ſouvenir des Nations barbares, que parce qu'elles font conſiſter la valeur dans la fureur des combats : *Plus vous ſerez braves*, diſoit le maréchal de Catinat à ſes ſoldats, *plus vous ſerez modérés dans la victoire.*

Repréſentez-vous, Meſſieurs, le moment funeſte où un corps de troupes s'empare d'une ville aſſiégée ; ce moment où, ſans retenue, il pénètre dans les maiſons, dans les temples, dans les aſyles les plus ſacrés ; ce moment où pères, enfans, femmes, époux, tout eſt à ſa diſcrétion ; ce moment où les richeſſes, les meubles, les poſſeſſions tombent entre ſes mains : ſi l'humanité n'eſt point alors écoutée, tout eſt perdu, & les crimes vont ſe précipiter les uns ſur les autres, pour outrager en même temps les plus reſpectables vertus, pour violer les droits les plus ſacrés. Mais combien, au contraire, ne ſera-t-on pas diſcret, modéré, ſi l'humanité, qui doit être l'ame de nos actions, accompagne le courage ! on eſſuiera des pleurs au lieu d'en faire couler ; & chaque Militaire ſe dira : CE SONT MES FRÈRES, IL FAUT LES ÉPARGNER.

Auſſi voyons-nous que les ſièges deviennent moins meurtriers depuis que le ſyſtême de pacification & d'humanité a pénétré dans les cabinets des Princes, depuis qu'une philoſophie chrétienne nous apprend qu'un Monarque bienfaiſant eſt infiniment au deſſus d'un Roi conquérant, depuis qu'on donne moins de batailles, pour ne pas augmenter les tributs qu'on paie chaque jour à la mort. Un guerrier n'emporte plus aujourd'hui l'idée d'un homme ſanguinaire & cruel : l'éducation a tellement adouci les mœurs, que les Militaires reconnoiſſent unanimement combien l'humanité eſt précieuſe & néceſſaire.

Parcourons maintenant les occaſions qu'ils ont de l'exercer.

SECONDE PARTIE.

Le Seigneur ne s'appelleroit sûrement pas le Dieu des armées, si la profession des armes étoit un commerce de brigandages & de cruautés ; mais il prend ce nom pour nous faire connoître, dit saint Augustin, que la miséricorde s'allie parfaitement avec la sévérité, & qu'on n'est réellement un parfait guerrier qu'autant qu'on est humain. Eh ! qu'avons-nous besoin de fléaux, tels que les Alexandre & les Attila ? N'avons-nous pas assez de maux qui nous investissent depuis le berceau jusqu'au tombeau, sans vouloir encore les augmenter par des dévastations & par des ravages ?

Mais il suffit de connoître les devoirs attachés à la condition des Militaires, pour convenir qu'il n'y a pas d'état qui offre plus d'occasions d'exercer l'humanité. Je ne parle point ici des charges que la qualité de Nobles vous impose à l'égard de vos vassaux, des obligations que tout maître contracte avec ses domestiques pour les rendre heureux ; mais je parle de ce que vous devez à vos égaux, dans le service que vous remplissez, à vos soldats, selon les devoirs qui vous sont tracés, aux ennemis mêmes, suivant les règles que vous prescrit l'humanité ; mais je parle de ces circonstances où des mourans, exposés sous vos yeux, réclament par leurs soupirs, vos secours & votre pitié.

C'est sur-tout au moment de la guerre, dans ces temps désastreux où la foudre, se dispersant par éclats, renverse pêle-mêle les hommes les plus vaillans & les plus vigoureux, pour ne leur laisser en partage que des plaies & des sanglots ; où le glaive, aiguisé par la bravoure, cause les plus grands ravages, &

& fait tomber ſur un tas de morts une multitude de mourans ; c'eſt, dis-je, alors que l'humanité vous ſollicite de ſignaler votre compaſſion & votre zèle le plus promptement qu'il vous eſt poſſible.

Que de Militaires qui vivroient encore, ſi la charité qu'on ſe doit réciproquement les eût arrachés du champ de bataille, pour leur faire adminiſtrer les ſecours qu'exigeoit leur état ! que d'autres qui n'ont échappé à la mort, que parce que la vigilance des Généraux en prit ſoin, & les remit entre les mains de ceux qui pouvoient les guérir !

S'il vous arrivoit de voir avec inſenſibilité vos frères couchés dans la pouſſière, à demi écraſés par la foudre, ayez horreur de vous-mêmes ; je ne dis rien de trop, & prononcez intérieurement que la Nature s'eſt trompée en vous mettant dans la claſſe des êtres raiſonnables, & qu'elle devoit plutôt vous aſſocier aux tigres & aux léopards.

Mais à Dieu ne plaiſe, Meſſieurs, que nous ayons cette penſée; nous eſpérons, & notre eſpérance ne ſera point confondue, qu'attentifs à tout ce qui intéreſſe l'humanité, vous ſaurez, ſelon le conſeil de l'Apôtre, pleurer avec ceux qui pleurent, partager les douleurs de vos frères ſouffrans, les aider, les ſoulager, devenir enfin leur reſſource, & leurs conſolateurs.

Il n'eſt pas néceſſaire que vous faſſiez de grandes recherches pour découvrir des hommes malheureux. Hélas! dans votre état ils ſe préſentent de toutes parts. Ici les priſons, là les hôpitaux vous offrent une foule d'occaſions de ſecourir vos ſemblables. C'eſt dans ces redoutables aſiles, que la privation de la liberté, que la perte de la ſanté, expoſent aux yeux du ſpectateur les plus dévorans chagrins. Combien alors les paroles amicales d'un Officier ne ſoulagent-elles pas le ſoldat qui ſouffre & qui ſe plaint! C'eſt un baume qui répand dans l'ame les plus douces conſolations ; & qu'y a-t-il de moins coûteux qu'un mot de tendreſſe & de bonté ? Il faut que le cœur ſoit bien endurci pour oſer le refuſer.

Mais l'on ne s'accoutume que trop ſouvent au ſervice à n'avoir de ſenſibilité que pour des plaiſirs criminels, d'ame que pour des ſpectacles frivoles; à épuiſer ſon cœur dans de futiles amours, au lieu de le réſerver pour le faire paroître dans des circonſtances où ſa tendreſſe ſeroit abſolument néceſſaire. Auſſi ne voit-on que trop ſouvent parmi les Militaires, des hommes qui ne parlent qu'avec dureté, qui n'agiſſent qu'avec humeur, & qui ſe croiroient déshonorés s'ils traitoient avec bonté ceux qui ſont ſous leurs ordres.

Il ne s'agit point de diminuer la rigueur des ordonnances : à Dieu ne plaiſe qu'on faſſe courber la Loi pour écouter une ſenſiblilité mal entendue! mais il eſt queſtion d'adoucir les châtimens par des paroles qui conſolent; de faire voir qu'on ſouffre ſoi-même en infligeant les peines preſcrites par les réglemens; de donner au moins de l'eſpérance à ceux qu'on ne peut guérir ou délivrer ſur le champ.

Combien de malheureux ſoldats, combien d'Officiers qui ne ſe ſont portés à de fâcheuſes extrémités que parce qu'on les pouſſoient à bout? Un Chef qui commande ne ſauroit trop examiner d'où vient le délit qu'il punit. Une vivacité dont on n'eſt pas maître, un premier mouvement qu'on n'a pu retenir, ne doivent pas ſe confondre avec un caractère difficile & querelleur.

Le ſervice du Prince exige des Officiers fermes, mais honnêtes ; & ſurtout parmi des François, dont l'honneur fut toujours la bouſſole. D'ailleurs,

Messieurs, la Religion elle-même ne cesse de nous dire qu'il ne faut pas rompre le roseau déja brisé, ni éteindre la mèche qui fume encore, pour nous faire entendre qu'on doit compâtir aux misères de l'humanité. Il n'y a que Jesus-Christ qui ait droit de dire dans l'univers, qui de vous me convaincra de péché ? *Quis ex vobis arguet me de peccato.* Il suffit d'être homme pour avoir des défauts ; & si nous ne savons pas nous supporter les uns les autres, le monde ne sera bientôt plus que le séjour des haines & des guerres intestines ; on ne cherchera qu'à se nuire, qu'à se dévorer.

Jean, c. 8, v. 46.

Les désertions, malheureusement trop fréquentes dans les armées, deviennent beaucoup plus rares, quand les Chefs conduisent moins par la crainte que par l'amour du devoir. Lisez la vie de nos grands Généraux, celle d'un Vendôme, & vous y verrez combien ils avoient de bonté pour le moindre soldat : celui qu'on méprise est peut-être à la veille de se faire connoître comme un héros. Il ne manque que l'occasion à la plupart des Militaires François pour forcer la fortune à les couronner. Ajoutons, Messieurs, que cette même humanité qui vous est recommandée, peut vous être utile à vous-mêmes. Il n'y a pas d'Officiers, lorsque la guerre survient, qui ne soit au moment de tomber dans quelque embuscade, de rester mourant sur le champ de bataille; & c'est alors qu'on vous rendra les services que vous aurez rendus, & que la Providence, qui récompense tôt ou tard les bonnes actions, ne permettra pas que vous soyez abandonnés : comme vous aurez traité les autres, dit l'Écriture Sainte, vous serez traités; on se servira de la mesure que vous aurez employée à l'égard du prochain.

Périssent à jamais ces Nations encore

barbares, qui exercent envers les prisonniers que le ſort des armes met entre leurs mains, les plus grandes cruautés! On cite de nos jours des exemples inouis de fureur & d'inhumanité; mais ne nous appeſantiſſons pas ſur ces faits, & croyons, pour l'honneur de la raiſon, qu'il y a plus d'exagération que de vérité.

Qu'il ne vous arrive jamais, Meſſieurs, d'être le fléau de vos vaſſaux ou de vos voiſins par la fureur des procès; & ſur-tout que l'habit honorable que vous portez, ne vous engage jamais à vous en prévaloir pour vexer les petits qui ſont ſans défenſe & ſans appui, mais qu'il vous ſerve d'encouragement pour venir au ſecours des opprimés.

Le Ciel met ſouvent ſous vos yeux, dans vos voyages comme dans vos garniſons, dans les villes comme dans les campagnes, des victimes du ſort, dont la cruelle ſituation ſollicite des ſecours: retranchez alors, retranchez ſur votre ſuperflu pour les ſoulager dans leurs miſères, & vous amaſſerez un tréſor que ni la rouille ni les vers ne pourront détruire.

Ne faites jamais taire cette voix de l'humanité qui parle au dedans de vous-mêmes, & qui, dans un champ de carnage & d'horreur, ſe plaint intérieurement des malheurs de la guerre, & voudroit anéantir, s'il étoit poſſible, toutes les diſſentions & toutes les haines. Quand vous ſaurez tout ce qu'exige la qualité d'homme, tout ce qu'un cœur magnanime eſt capable de ſentir & deſirer, vous frémirez au ſouvenir de ces combats ſinguliers, que les loix proſcrivent & dont gémit l'humanité. On a beau vouloir l'étouffer dans ces momens où l'on oublie ce qu'on doit à la Religion, à la Patrie, enfin à ſoi-même, en ſe livrant au deſir effréné de venger une injure dans le ſang de ſon ſemblable; à peine le coup eſt-il porté, que la colère ſe calme, que la nature reprend ſes droits, & qu'on ſe hâte de ſecourir celui qu'on vient de bleſſer : preuve ſenſible, Meſſieurs, que l'homme n'eſt pas fait pour vivre à la manière des lions, & que, s'il lui arrive d'être féroce, ce n'eſt qu'un accès de frénéſie, dont il ſe repent en quelque ſorte ſur le champ.

Je ſerois infini s'il me falloit entrer dans le détail de toutes les occaſions où vous ſerez obligés d'être humains & charitables. Cette obligation eſt ſi eſſentielle à l'homme, que Jeſus-Chriſt lui-même nous dit dans l'Evangile : ſoyez miſéricordieux comme votre Père céleſte. Que de devoirs nous ſont impoſés par ce ſeul précepte! Il ne s'agit, pour nous en convaincre, que de voir la ſainte profuſion avec laquelle Dieu répand ſur nous ſes dons. Il n'y a pas de jours, pas d'inſtans, qu'il ne nous comble de ſes bienfaits. Par lui nous naiſſons, par lui nous reſpirons, & ce n'eſt que pour recevoir de ſa main des richeſſes & des bénédictions : *Aperis manum tuam, & imples omne animal benedictione.*

Pſalm. 144. v. 16.

Que ce ſoit là votre modèle. En pouvez-vous choiſir un plus ſublime, que cet Être immenſe, infini, tout-puiſſant, qui ſans ceſſe vous vivifie, & qui, en vous plaçant lui-même dans les armées, dont il eſt le premier Chef, veut que vous ſoyez auſſi doux que courageux, auſſi patiens que laborieux, auſſi humbles que magnanimes, auſſi charitables que vigilans ; afin qu'après avoir ici bas légitimement combattu, vous ſoyez couronné au milieu de cette milice céleſte, qui célèbre ſans interruption ſa ſageſſe & ſa gloire.

Ainſi ſoit-il.

SERMON
POUR LE DIMANCHE DE LA PASSION,
Sur les Plaisirs.

Si veritatem dico vobis, quare non creditis mihi?

Si je vous dis la vérité, pourquoi ne me croyez-vous pas?

De l'Evangile de ce jour, en S. Luc, ch. 8.

IL n'y pas de vérité plus difficile à persuader à la jeunesse que le néant des plaisirs: lorsque nous lui disons que la raison & l'expérience s'accordent avec la Religion, pour nous convaincre des amertumes & des périls de la volupté, elle se révolte contre cette morale, &, en appelant de son esprit à son cœur, elle se persuade, ou que nous exagérons, ou que, sevrés par état des divertiss.mens profanes, nous ne voulons pas que les aûtres y participent.

Mais, ô grand Dieu! il faudra donc accuser d'injustice & d'aveuglement les écrivains sacrés, qui ne cessent de répéter que les plaisirs renferment le poison le plus dangereux & le plus subtil; il faudra donc croire que vos Apôtres, que vos Evangélistes, qu'enfin vous-même vous nous avez induits en erreur, lorsque vous n'avez déclaré heureux que ceux qui sont altérés de la justice, que ceux qui ont un cœur pur; il faudra donc déchirer les Livres saints comme des imposteurs qui nous séduisent quand ils nous assurent qu'il n'y a pas de paix pour les pécheurs & les impies.

Non, Messieurs, j'augure trop bien

de vos diſpoſitions pour vous ſoupçonner coupables de cette incrédulité ; & j'oſerai vous dire, quelque prévention qu'ait la jeuneſſe en faveur des plaiſirs, premièrement, qu'ils flétriſſent l'ame ; ſecondement, qu'ils expoſent à tous les dangers. *Ave, Maria.*

PREMIÈRE PARTIE.

Si notre ame n'étoit qu'une ſimple vapeur, comme l'enſeignoit l'Ecole de Lucrèce & d'Epicure ; ſi elle n'avoit rien de différent du corps qu'un ſimple mécaniſme, comme affectent de le publier les Philoſophes modernes ; ſi l'on pouvoit enfin l'aſſimiler à l'inſtinct des animaux, & qu'elle ſe détruisît avec nous, on pourroit faire ſon idole de la ſenſualité : mais au ſeul mot de l'ame on éprouve en ſoi-même une affection ſublime qui nous attache à l'Être éternel, on entrevoit un rayon de la Divinité qui se répand sur nos desirs & sur nos pensées, on s'élève jusqu'à la source de toutes les créatures, & l'on reconnoît qu'on n'est pas né pour ensevelir son existence toute entière dans les entrailles de la terre.

Rien ne réveille l'homme de son assoupissement comme l'idée de l'ame, dit saint Augustin : ce souvenir lui donne des secousses qui retentissent jusques dans l'éternité. Combien n'est-elle pas grande à nos yeux quand nous contemplons les astres, quand nous analysons la terre & les mers, quand nous parcourons la sphère des sciences, quand nous remontons à la source des êtres, quand nous dissertons sur les principes de la végétation & de la vie, quand nous nous rendons raison de nous-mêmes en interrogeant notre conscience & notre cœur, quand nous profitons de ses méditations & de ses entretiens, pour admirer le Créateur dans tous ſes ouvrages ? Ah ! nous reconnoiſſons alors que cette ame précieuſe eſt la productrice & la ſouveraine de nos penſées ; que nous lui devons continuellement des hommages, comme à la repréſentation du Tout-Puiſſant, comme à l'émanation ſacrée de ſa divine ſageſſe & de ſa merveilleuſe fécondité.

Mais, plus ces opérations ſont ſublimes, plus cette ame a de prérogatives & de richeſſes, plus les plaiſirs auxquels on ſe livre la dégradent. Et que ſont-ils en effet ces plaiſirs que le monde idolâtre, que le cœur recherche avec tant de fureur, ſinon des ſenſations criminelles qui nous mettent en déſordre, & qui, nous enchaînant à tous les objets corporels, nous détachent de la Divinité ?

Les ſens, par le moyen de la volupté, ſe révoltent contre l'ame qui doit les commander ; ils méconnoiſſent ſon empire, & ce n'eſt plus au milieu de nous qu'une horrible anarchie.

Les guerres civiles ne ſont qu'une foible image d'une ame dominée par la volupté. L'homme alors n'eſt plus lui-même, il eſt terraſſé, défiguré ; & lui qui doit être ſpirituel, céleſte ; qui doit ne ſe ſervir de ſes ſenſations & de ſes idées que pour s'entretenir avec Dieu, que pour réduire ſon corps en ſervitude, ſe roule dans la fange, & n'a plus de ſentiment que pour ce qui doit périr : de-là, Meſſieurs, cet amour déſordonné pour tout ce qui offuſque l'eſprit, pour tout ce qui produit de faux jugemens ſur ce monde qu'on croit éternel, ſur l'ame qu'on ſe perſuade être matérielle, de ſorte qu'inſenſiblement on ne voit plus dans les hommes qu'un aſſemblage de molécules qui doivent ſe diſſiper. Ainſi la volupté vient à bout d'obſcurcir le rayon de la Divinité que nous portons en nous-mêmes, de dégrader cette incomparable ſubſtance, créée pour s'élancer dans les Cieux; & notre conſcience a beau nous crier que nous ſommes immortels, le voluptueux demeure ſourd à ſa voix, parce qu'il aime jouir tranquillement des funeſtes objets de ſa paſſion.

Ah! quand on eſt tyranniſé par le plaiſir on n'a plus la force, dit ſaint Auguſtin, de réſiſter aux aſſauts du monde; on ſe décompoſe, on s'abrutit. Eh! qui peut mieux en parler que cet illuſtre docteur, qui, victime dans ſa jeuneſſe des plaiſirs défendus, s'éloigna ſi long-temps de la vérité pour ſe repaître d'un amour profane? Il ne devint courageux, grand, ſublime, que lorſqu'il abjura la vie licencieuſe à laquelle il conſacroit ſes malheureux jours; il ne goûta le repos, comme il nous le dit lui-même, que lorſqu'il eut fixé ſon cœur dans les Cieux.

Mais, ſans vous citer cet exemple,

confidérez, Meffieurs, ces hommes qui n'ont vécu que dans la débauche, & vous les verrez, triftes ombres d'eux-mêmes, furvivre pour ainfi dire à leur exiftence, tant ils ont outragé leur ame par le mépris qu'ils en ont fait, en vivant comme s'ils n'étoient qu'une parcelle de matière qu'on peut abandonner à la difcrétion des élémens ; & leurs idées n'ont plus rien de clair, rien de précis fur leur origine & fur leur deftinée : ils finiffent par fe regarder comme de fimples ouvrages du hafard, qui n'ont rien à prétendre que quelques minutes d'exiftence, à la manière des infectes.

L'homme ne connoît fon excellence que lorfqu'il fait combattre fes paffions ; alors c'eft un roi qui fe commande à lui-même ; au lieu qu'il n'eft plus qu'un efclave perdu dans la foule, quand il s'abandonne au plaifir.

Le monde lui-même, oui, le monde,

tout profane qu'il eſt, ne peut encore eſtimer un homme qui ne s'occupe que de ſes plaiſirs. Il n'eſt pas concevable, dit ſaint Chryſoſtôme, combien les penſées deviennent opaques, combien l'eſprit baiſſe quand on fait ſon dieu de la volupté : s'il reſte quelques ſaillies chez les hommes de plaiſir, ce n'eſt que l'effet d'une imagination preſque toujours déréglée; cela eſt ſi vrai, que dans les ouvrages où l'on a recueilli leurs bons-mots, on n'y trouve que des équivoques & des obſcénités. Tout ſe reſſent chez les libertins de l'abrutiſſement de leur ame ; & ils ne prononcent plus que de faux jugemens, parce qu'un cœur flétri par la molleſſe, dit ſaint Auguſtin, ne chérit plus que l'erreur. Alors on ne veut pas qu'il y ait un Être ſuprême qui puniſſe le crime & qui récompenſe la vertu ; alors on regarde la Religion comme un joug dont il faut ſe débarraſſer ; alors on ſoutient ſans examen, comme ſans réflexion, les plus monſtrueuſes opinions.

Quelle triſte & déplorable exiſtence que celle d'un Chrétien qui efface les traits de ſon baptême, pour ſe confondre avec les animaux ! qui n'a plus que des paſſions brutales, que des goûts dépravés ; qui ſe fait une gloire de ce qui avilit, un jeu de ce qui déſole une ame bien née ; qui, enfin, ſe proſtitue de manière à oublier ſon état, ſa réputation, ſon nom, & qui ne rougit point de fréquenter des ſociétés auſſi licencieuſes que funeſtes ! La Patrie ſe plaint, les familles ſe lamentent, & l'on devient la fable de ſes parens, de ſes domeſtiques, de ſon pays. Les pères qui ont encore de la pudeur, défendent à leurs fils de fréquenter l'homme licencieux, de ſorte qu'il ſe voit iſolé de tous les honnêtes gens, n'ayant pour ſociété que des perſonnes qu'on n'oſe ni produire ni nommer.

C'eſt encore un ſcandale dans les villes & dans les campagnes, malgré la dépravation de nos mœurs, qu'un Militaire qui vit avec des perſonnes déréglées : ſa maiſon eſt regardée comme un objet d'horreur ; & ſi dans certaines occaſions la bienſéance veut qu'on le voie, c'eſt en gémiſſant ſur ſes excès.

Ainſi, dès ce monde même, on eſt bien puni des écarts auxquels on ſe livre. Je ſais, Meſſieurs, qu'on peut ſe dérober pour quelque temps à la vue du public ; mais, outre qu'on eſt tourmenté par un ver rongeur qui nous ſuit continuellement, le repentir ou l'ennui répand la plus cruelle amertume ſur ce qu'on croit le comble de la félicité.

Le voluptueux peut-il d'ailleurs ignorer que la ſatiété eſt la peine du plaiſir ; qu'on ne varie continuellement les ſpectacles, les divertiſſemens, que parce qu'on eſt pourſuivi par le dégoût, & qu'on finit par ne plus tenir à la bonne ſociété ; par ne plus faire que des lectures laſcives ou romaneſques ; par épuiſer enfin ſes deſirs, ſes ſenſations, de manière à n'avoir que des goûts uſés?

Grand Dieu ! eſt-ce là ce que doit être une ame raiſonnable ? Et le ſoleil que vous avez tiré du néant pour en faire le flambeau du jour, n'a-t-il donc été allumé que pour éclairer des déſordres, lui qui a une marche ſi conſtante & ſi régulière, lui qui nous apprend, en ne manquant pas d'un ſeul inſtant la route qui lui eſt aſſignée, combien nous devons être fidèles à remplir nos devoirs ?

Appelez donc votre ame à vous-même, peut-on dire à tous les hommes qui ſe plongent dans la volupté, & elle vous dira que votre raiſon n'eſt plus qu'un inſtinct, votre volonté qu'une impulſion, dès le moment que vous regardez le plaiſir comme votre ſouverain bonheur.

Elle vous dira que l'amour de la volupté, l'attachement qu'on a pour les objets corporels, remplissent le monde de paradoxes & de préjugés. Oui, donnez-moi un homme chaste, tempérant, dit un célèbre auteur, qui soit incrédule, & vous me ferez voir un phénomène. Mais, outre que le plaisir flétrit l'ame, il expose à tous les dangers; c'est ce que je vais vous montrer dans ma seconde partie.

SECONDE PARTIE.

Si l'on écrivoit sur la tombe de ceux que la mort moissonne au printemps de leur âge, quelle fut la cause de leur trépas, vous ne pourriez douter combien les plaisirs sont meurtriers; ce sont eux qui minent insensiblement la jeunesse, qui la décolorent, & qui la réduisent à une espèce de décrépitude dans le temps même de sa plus grande force & de ſa plus grande vigueur.

On ſe perſuade, à l'âge de vingt ans, qu'on ne peut mourir, & l'on regarde ce moment comme ces montagnes eſcarpées qu'on ne doit jamais atteindre ; tandis qu'on accélère à chaque heure ſa dernière fin, par des excès qui détruiſent la ſanté la plus robuſte.

Mais, ſans parler du terme fatal de nos deſtinées, que de périls dans la carrière de la volupté ! C'eſt-là qu'on trouve les haines ſuſcitées par l'amour, les querelles engendrées par la rivalité, les duels occaſionnés par des paſſions folles & brutales : c'eſt-là qu'on ſe livre à des parties nocturnes qui font frémir la Religion & la pudeur, qu'on ſe trouve à des feſtins diſſolus où la raiſon ſe noie dans une coupe empoiſonnée, qu'on ne parle que le langage de l'indécence & de l'impiété.

Demandez, Meſſieurs, à ces hommes qui s'érigent en divinités ? à ces hommes

hommes qui cherchent à détrôner le Créateur, pour se substituer à sa place, par un attentat dont nos pères auroient frémi ; à ces hommes qui ne se nourrissent que de la fange répandue dans les livres nouveaux, qui n'ont des yeux que pour contempler ces peintures lascives qui dégradent les mœurs & qui déshonorent l'humanité ; & ils vous diront tous qu'ils commencèrent par préférer le plaisir à leur devoir, par aimer des divertissemens profanes, par fréquenter les spectacles avec la plus vive ardeur.

Que ne dirai-je point ici des dangers dont les théâtres furent l'occasion! Je n'ai pas besoin de vous citer les Pères de l'Eglise, pour vous les représenter comme les écueils de l'innocence & de la vertu, & de vous dire avec eux qu'ils sont des autels élevés contre ceux de Dieu même, où Satan se fait adorer ; mais je vous dirai qu'un courtisan célèbre, au ſiècle dernier, appela ſes enfans au lit de la mort, pour les conjurer de ne jamais fréquenter les ſpectacles, en leur aſſurant qu'ils avoient été l'écueil de ſon innocence ; mais je vous dirai qu'ils énervent l'ame, & qu'ils jettent l'homme loin de lui-même, pour le plonger dans des abîmes dont il ne peut plus ſortir.

Si des jeunes gens ont oublié l'Evangile pour ſe repaître des maximes les plus dangereuſes ; s'ils ont fait taire leur raiſon pour n'écouter que le cri de la paſſion ; s'ils ont altéré leur patrimoine, détruit leur ſanté, contracté des alliances ſouvent ſcandaleuſes & contraires à leur condition, c'eſt pour avoir fréquenté les théâtres. Cette malheureuſe école de la volupté, comme l'appelle S. Auguſtin, eſt l'école de tous les vices ; on y montre à devenir diſſipateur, intempérant, indiſcipliné ; à tromper l'attention d'une mère ſurveillante ; à ſe jouer des réprimandes d'un père, ami de la vertu ; à rompre les liens les plus légitimes, à se dégoûter des devoirs les plus saints.

Rien ne nuit donc tant à l'état militaire que la volupté. La profession des armes exige du courage & de la force ; & le plaisir énerve, de manière qu'on ne chérit plus que la mollesse, qu'on ne respire plus que des odeurs, qu'on n'a plus d'oreilles que pour des bouches efféminées, qu'on ne fixe plus les yeux que sur des objets licencieux.

Il est incroyable combien le plaisir cause de ravages chez tous les hommes, & sur-tout dans les armées ; c'est lui qui occasionne les révoltes, les désertions, les dépenses ruineuses, les mauvais établissemens, & qui, prenant tout le temps d'un jeune Officier, l'empêche de s'instruire, & ne lui laisse d'autre esprit que celui de converser d'une manière indécente.

Que font en effet la plupart des entretiens dans les garnisons? des propos qu'on n'ose répéter dans la bonne société; des propos qui confondent le Gentilhomme avec le peuple le plus grossier; des propos qui, presque toujours accompagnés de serment, font frémir ceux qui les entendent.

A Dieu ne plaise, Messieurs, que je veuille bannir les récréations qui sont permises dans tous les états: il n'y a point de condition qui n'ait besoin de prendre des délassemens; mais ce ne doit jamais être aux dépens de la Religion & des mœurs; & l'amour des plaisirs franchit sans scrupule ces deux barrières, au point qu'on finit par être incrédule & scandaleux.

Si vous savez goûter les bons livres, fréquenter ces hommes vénérables qui ont blanchi sous les drapeaux de la valeur & de la vertu, vous ne rejetterez jamais les bons principes que vous avez reçus, & vous trouverez dans vous-mêmes le préservatif de la volupté. Quel plaisir pour une ame honnête & chrétienne, que la lecture des bons ouvrages ! L'ame alors renaît dans un silence qu'elle préfère à toutes les joies des mondains, elle se savoure elle-même, en ayant horreur des vices & des libertins.

Qu'il est beau de voir cette amitié pure & chaste, qui lia dans tous les temps les hommes les plus vertueux, unir des Militaires ! ils s'encouragent alors réciproquement à l'amour de l'étude & de leurs devoirs ; & s'ils conversent, s'ils se réunissent, ce n'est que pour étendre leurs connoissances, & former leur cœur. Voilà ceux qu'on distingue dans le service, que les Chefs aiment de préférence, qu'ils citent pour exemple, & qu'on admire toujours malgré la dépravation des mœurs. Ce qu'il y a de consolant pour les Militaires qui aiment le bien, c'est qu'il n'y a point de Régiment où l'on ne trouve quelque modèle digne d'être imité. Le Seigneur se conserve des ames fidèles dans tous les états, qui ont des mœurs austères sans cesser d'être doux, & qui ne font jamais courber la règle, malgré les mauvais exemples dont ils sont environnés. Personne ne vous parlera plus éloquemment contre les dangers de la volupté, que les anciens Militaires qui doivent vous servir de guides & de conseil ; leur expérience vous persuadera que la volupté n'entraîne à sa suite que des douleurs & des repentirs ; & qu'au moment de la mort, qui est celui de la vérité, l'on entend tous les jours les libertins s'exhaler en soupirs, & détester avec horreur les plaisirs passés.

Evitez ces malheurs, en formant autour de votre cœur, selon l'expression de l'Ecriture, un mur qui vous sépare de Babylone, en ne laissant reposer votre ame qu'à l'ombre de la vertu, en ne donnant à votre corps que ce qui lui est nécessaire pour subsister. Il n'est rien ce malheureux corps qu'on soigne avec tant d'ardeur; terre par sa nature, il est toujours au moment d'y rentrer, & chaque pas qu'il fait le conduit à ce terme.

Telle est la destinée de cette chair de péché qu'on idolâtre, de cette chair dont on fait son Dieu, & qui finit par être un objet d'horreur, par rendre une complication de tous les maux à force de l'user dans la débauche. Que de vieillards qui ne sont plus que des sépulcres mouvans! que de jeunes gens déja devenus cadavres, à raison de leurs excès! Le vice, dit l'Ecriture, descend dans le tombeau même avec le pécheur qui aura profané son corps. Et qu'y a-t-il de plus criminel que d'arracher les membres de Jésus-Christ pour les prostituer, que de violer le temple de l'Esprit-Saint?

Pour vous préserver de ces maux, fréquentez sur-tout les sacremens, avec les dispositions que l'Église nous prescrit. Le Chrétien, dit saint Léon, s'arme d'un courage à toute épreuve quand il va prendre ses forces à la Table sacrée ; c'est alors qu'il sent qu'il est vraiment soldat de Jesus-Christ, & qu'il ne doit pas avoir moins de zèle pour défendre la Religion que pour sauver la Patrie.

Vous me direz, Messieurs, que vous passerez pour des misanthropes ou pour des ames bizarres, si vous ne suivez pas le torrent ; mais faudra-t-il donc par condescendance aimer le crime, & se faire une obligation d'être vicieux ? faudra-t-il se perdre par déférence pour des hommes qui vous respecteront nécessairement si vous savez être fermes dans la pratique de vos devoirs ?

D'ailleurs, quoique Militaires, n'avez-vous donc pas, comme tous les autres hommes, une ame à sauver ? Ah !

Meſſieurs, craindre Dieu, honorer le Souverain, reſpecter la Loi, voilà ce que tous les exemples perſonnels ne doivent jamais altérer. Le cœur d'un Militaire eſt fait pour porter cette empreinte ſacrée : c'eſt-là le ſceau qui le caractériſe, & qui le rend cher à la poſtérité.

Grand Dieu ! fortifiez vous-même ces jeunes Militaires contre les attraits de la ſéduction. Ils ne ſeront que des roſeaux ſi vous les abandonnez à leur ſort ; mais ils deviendront des cèdres ſi vous daignez les conſerver. Qu'ils ſe ſouviennent, ô Seigneur ! des grandes leçons que la ſageſſe leur donne continuellement dans cette célèbre Maiſon ; c'eſt le moyen de ne connoître que l'honorable plaiſir d'aimer ſes devoirs, de ne chérir que la vertu, & de ne deſirer que le Ciel.

Ainſi ſoit-il.

SERMON

POUR LE DIMANCHE DES RAMEAUX,

Sur l'Obéiſſance & l'Amour que l'on doit aux Rois.

Ecce Rex tuus venit tibi manſuetus.

Voici votre Roi qui vient à vous plein de douceur.

De l'Evangile de ce jour, en ſaint Matth. ch. 21.

LA qualité de Roi fut toujours précieuſe aux yeux de la Religion ; Jéſus-Chriſt lui-même eſt déſigné dans les ſaintes Ecritures ſous ce nom qui nous eſt ſi cher, & il ſemble que les Prophètes prennent plaisir à lui donner ce titre : tantôt ils en parlent comme d'un Roi qui viendra dans l'appareil de sa gloire & de sa majesté ; tantôt, comme d'un Roi qui se fera connoître par un caractère de douceur & de bonté : *Ecce Rex tuus venit tibi mansuetus.* C'est sous cette dénomination qu'il s'annonce aujourd'hui dans Jérusalem, & que les Juifs, transportés d'alégresse, lui rendent les hommages qu'on doit au Prince de la terre.

De-là, Messieurs, il faut conclure que nous ne saurions trop respecter les Monarques ; que, sous quelque aspect qu'on les envisage, il faut les considérer comme les Oints du Seigneur, à qui l'on doit, premièrement, une obéissance entière, secondement, un amour sans réserve. Eh ! qui vous persuade mieux ces devoirs que votre propre cœur ? Vous le savez, Messieurs ; c'est-là que se forme, dès l'enfance, cet indiſſoluble lien qui vous attache à nos Rois, & que naît ce deſir, auſſi durable que vous mêmes, de verſer votre propre ſang pour leur gloire & pour leur conſervation.

Implorons les lumières de l'Eſprit Saint. *Ave, Maria.*

PREMIÈRE PARTIE.

Il arriva ce moment heureux, où la France, encore barbare dans ſes mœurs comme dans ſes loix, vit ce que le Chriſtianiſme avoit de plus auguſte & de plus impoſant. Religion ſacrée ! je parle de cette époque à jamais mémorable, où, déployant ta magnificence à la face des ſaints Autels, tu répandis ſur Clovis une onction toute céleſte !

A la vue de cette pompe, qui mettoit ſous les yeux des ſpectateurs le triomphe de la Monarchie dans tout ſon éclat, les Payens comme les Chrétiens ne purent contenir leur juſte admiration : *Vive*, s'écrioient-ils au milieu des tranſports, *vive l'Oint du Seigneur !*

C'eſt alors que la Religion, s'uniſſant à leurs intérêts, devint une nouvelle leçon, qui leur confirma que les Rois ſont réellement nos Supérieurs & nos Maîtres, & que nous devons leur obéir comme à des êtres privilégiés qui nous repréſentent Dieu lui-même, & qui ont le glaive en main pour corriger ou pour punir.

Dieu voulut en créant la terre qu'elle devînt une image du Ciel, & qu'on y vît l'emblême de ces Trônes, de ces Puiſſances, de ces Dominations qui diſtinguent les Intelligences céleſtes : il voulut que l'homme, qui, à raiſon de ſa ſupériorité ſur les animaux, de ſon eſprit vaſte & pénétrant, enfin de ſon immortalité, eût pu ſe comparer à Dieu, vécût dans la dépendance ; &

que la néceſſité d'obéir lui fût impoſée comme une loi capable de l'humilier : il voulut que notre premier père ne ſortît de ſes mains que pour s'aſſujettir à l'ordre qu'il lui preſcrivit de ne point toucher à l'arbre de la ſcience du bien & du mal.

Ainſi, dès le temps même où l'innocence n'avoit point encore ſenti la malheureuſe influence du péché, l'obéiſſance devint un devoir ; & cette obligation , en ſe perpétuant d'âge en âge, cimenta l'autorité des Monarques & la dépendance des ſujets.

Tous les hommes, ſans doute, par les facultés intellectuelles dont ils ſont enrichis, ont des rapports avec la Divinité. On trouve dans leur ame, capable de connoître & d'aimer, une image de cet entendement ſuprême , une étincelle de cet amour ineffable, que nous adorons dans le Dieu qui nous a créé ; mais les Rois, choiſis par la Providence pour nous gouverner, ont une empreinte céleste, qui les distingue de la foule des mortels, & qui nous engage à leur obéir.

Anathême à ceux qui vous diroient que les Monarques ne doivent leur élévation qu'au hasard! que la foiblesse ou le caprice des hommes les fit ce qu'ils sont! qu'enfin ils n'ont rien au-dessus des autres qu'un pouvoir usurpé! L'Apôtre ne nous a-t-il pas appris que toute puissance vient de Dieu? le Seigneur lui-même ne nous a-t-il pas déclaré que les Rois ne règnent que par lui?

Eh! comment celui qui fait fleurir la rose au milieu des déserts, qui étend sa bonté jusques sur un insecte éphémère, qui meut le moindre grain de sable, qui agite le plus foible roseau, ne veilleroit-il pas à la conservation des Rois? Ah! c'est lui qui change en sceptre la houlette, qui affermit les trônes comme les montagnes, qui récompense ou qui punit les peuples, par les bons ou les mauvais Princes qu'il leur accorde; mais qui nous ordonne de respecter, jusques dans Néron même, l'image de son pouvoir.

Les premiers Chrétiens étoient si convaincus de cette vérité, qu'en baissant la tête sous le glaive des Empereurs payens qui les immoloient à leur fureur, ils prioient pour leur salut & pour leur prospérité. Quel spectacle plus glorieux pour la Religion! plus capable de la faire aimer, que cette foule innombrable de Martyrs, qui, couverts de sang, chargés de fers, ranimoient une voix mourante pour conjurer le Seigneur de pardonner aux Princes dont ils éprouvoient, d'une manière si terrible, la cruauté! La mort étoit toute la réponse qu'ils donnoient à ceux qui vouloient les forcer d'abjurer la Religion; & dans le temps même qu'ils refusoient de sacrifier aux idoles, ils payoient le tribut, ils prêchoient l'obéissance, ils portoient les armes, ils défendoient la Patrie, & les Princes payens n'avoient pas de sujets plus dociles & plus soumis.

Eh! que seroit devenu le monde dans son principe, s'il n'y avoit eu des chefs pour gouverner les Nations, & si l'obéissance n'avoit maintenu l'harmonie qui doit régner dans les diverses sociétés? La nouvelle philosophie nous dira-t-elle donc que les hommes, autrefois sans culture, sans maîtres, sans loix, vivant au gré de leurs desirs, errant au sein des forêts, jouissoient des délices de cet âge d'or si souvent cité chez les anciens?

L'âge d'or, grand Dieu! un âge où les peuples vous auroient méconnu; un âge où l'ignorance, la férocité, l'insubordination, auroient entièrement dégradé l'espèce humaine, en l'assimilant aux plus vils animaux ! Il nous faudroit donc gémir aujourd'hui ſur notre ſort, parce que l'Éternel eſt par-tout révéré ; parce que les Rois, ſon image, font fleurir les ſciences & les vertus ; parce que leur pouvoir contient les paſſions, punit les forfaits ; & que ſous leur protection on jouit des biens ineſtimables de l'ordre & de la paix ! Telles ſont les abſurdes conſéquences de ces ſyſtêmes romaneſques, dont l'incrédulité remplit ſes écrits.

Non, le Créateur ne réduiſit point ſon chef-d'œuvre à la condition des bêtes ; toujours l'homme ſentit une influence divine qui l'éleva vers le Ciel ; toujours il ſe vit dans la néceſſité d'obéir ou de commander. Adam, devenu père, devint roi ; ſes enfans furent ſes ſujets ; & les Nations les plus barbares ſe donnèrent des maîtres pour vivre ſelon les règles de l'équité.

Rien ne perſuade mieux l'obéiſſance,

qu'un Souverain, qu'on ſait être l'homme de Dieu, fait pour le repréſenter, fait pour agir en ſon nom : c'eſt ce que la Religion nous montre dans les Princes de la terre ; nous les traitons avec le même reſpect qu'Abraham reçut les Anges du Seigneur. Et qu'y a-t-il de plus grand après Dieu que ceux qui portent ſon caractère, que ceux qu'il a placés ſur des trônes, afin de régir Iſraël, *Ut regere poſſis Iſraël ?* *1 Par. c. 22, v. 12.*

C'eſt donc manquer à lui-même que de réſiſter à leurs volontés, que de cenſurer leur conduite, que de violer leurs droits : s'ils s'égarèrent, n'ont-ils pas comme nous un juge redoutable dans les Cieux, & dans leur conſcience un terrible accuſateur?

Heureuſe obéiſſance que nous rendons aux Souverains, comme à ceux qui nous repréſentent la Divinité même, de combien de malheurs ne nous avez-vous pas préſervés? C'eſt en rempliſſant ce devoir si légitime & si sacré, que nous sommes à l'abri de l'anarchie, que nous continuons cette chaîne d'hommes vénérables, que ni les tourmens, ni la mort, ne purent détacher de leurs légitimes Souverains, & que nous protestons que les Rois ne tiennent leur couronne que de Dieu seul, & qu'il leur a mis le glaive en main pour punir & pour corriger: nouveau motif qui nous oblige à leur être entièrement soumis.

Les Monarques, malgré toute leur pompe & tout leur éclat, ne seroient que des simulacres de grandeur, s'ils n'avoient le pouvoir & l'autorité ; mais l'Éternel, en les élevant au dessus des foibles mortels, leur a donné sur nous un empire qu'on ne peut leur contester. Je les vois dans tous les climats, comme dans tous les temps, armés de la vengeance & des loix ; ils anéantissent les crimes, ils exterminent les scélérats. Sans cette ressource, Messieurs, que deviendroient les peuples au milieu des tempêtes qu'excite de toutes parts le choc des paſſions, parmi tant d'intérêts qui ne donnent que trop ſouvent atteinte à l'honneur comme à la probité ? C'eſt par les Rois que le vice ſe cache, que la vertu reſpire, que la juſtice triomphe. Si dans ces ſiècles de carnage & d'horreur, où la force faiſoit courber la loi, des Souverains ſe changèrent en tyrans, leur autorité n'en fut pas moins ſacrée ; il ſuffit que Dieu lui-même les ait placés, pour qu'on doive toujours leur obéir.

Quel renverſement dans les familles, comme dans les états, ſi chaque citoyen s'érigeant en arbitre de la guerre & de la paix, oſoit peſer les motifs de ſon obéiſſance & de ſa ſoumiſſion ; ſi, loin de nous incliner ſous l'heureux joug que le Ciel lui-même nous impoſe, nous étions aſſez dénaturés pour vouloir nous ſouſtraire à ce devoir !

On ne se rappelle qu'en frémissant ces temps orageux où la France, aux prises avec l'injustice & la fureur, nourrissoit dans son propre sein autant de tyrans que de seigneurs. La vexation se jouoit des opprimés, l'esclavage mordoit tristement son frein, & le plus grand nombre desiroit (sans oser l'espérer) que la royauté s'armât de toute sa force pour arrêter les brigandages & les déprédations. Enfin, Dieu regarda son peuple en pitié : déja le Ciel est devenu serein, & le trône s'élève sur les débris de la féodalité ; il me semble voir un vaste champ couvert de lances brisées, d'étendards renversés, où se promène fièrement un vainqueur. Tel fut ce royaume, quand le Monarque usant de ses droits fit briller le glaive aux yeux de ceux qu'il venoit de subjuguer : il n'y eut plus de partage dans les esprits, tous se réunirent vers le centre où se portent nos tributs &

nos cœurs ; les châteaux se démolirent, les forteresses tombèrent ; & la terreur qui saisissoit les ames, se changea dans un calme dont on voit l'image après la violence des tempêtes.

Ne craignez plus, hommes foibles qui ne pouviez vous défendre ; mais tremblez, malfaiteurs : la puissance royale n'effraie que les méchans. Qu'il est beau de parcourir ce vaste empire, & de n'y voir aucun attentat qui ne soit puni ! des cours souveraines, établies de toutes parts, coupent la trame des iniquités ; & le citoyen, défendu par la loi qui veille, dort tranquille au milieu de ses foyers.

L'autorité ne rend l'obéissance servile que chez ceux qui ont des inclinations d'esclaves : la soumission des François envers leurs Rois fut toujours noble & filiale. Doués d'un esprit libre, pourvus d'un cœur libéral, ils se font un plaisir de leur devoir ; & jamais leur ame, quoique parfaitement docile à la volonté de leurs maîtres, ne connut la honte de ramper: le plus grand bonheur des Monarques est d'avoir de tels sujets. Eh! quelle seroit la gloire de régner sur des hommes que la bassesse avilit?

C'est ainsi qu'on parle dans un royaume où le despotisme est inconnu, où l'usage du glaive est tellement tempéré, qu'on se hâte de prévenir les crimes par les précautions les plus sages & les plus salutaires, où l'on menace pour ne pas punir. Ah! d'après tant de modération de la part de nos maîtres, combien la moindre désobéissance seroit-elle impardonnable? Dieu, qui nous attache au trône par des liens indissolubles, descend dans nos cœurs toutes les fois que nous osons murmurer contre les Souverains, & il nous juge avec la plus grande rigueur.

Détacher une seule vérité de la Religion, c'est en sapper l'édifice; blesser la la royauté dans ſes moindres droits, c'eſt en attaquer l'eſſence. Il y a une telle connexion entre l'obéiſſance & l'autorité, qu'elles s'appuient réciproquement ; & que ſi l'une vient à manquer, il n'y a plus dans les Empires que déſordre & confuſion.

Vous évoquerai-je ici du ſein de vos tombeaux, vous, morts trop fameux qui repoſez dans cette Capitale, & qui, jadis l'ame des guerres civiles, mîtes le Royaume dans le plus grand péril, pour avoir oſé lutter contre vos légitimes Souverains ? Ah ! quels ſeroient vos regrets ſi vous pouviez parler ; & quelle affreuſe peinture ne nous feriez-vous pas des malheurs qu'entraîna votre révolte ! Mais laiſſez, Meſſieurs, laiſſez dormir dans la pouſſière, des hommes qui, pour le bonheur de l'humanité, n'en devoient jamais ſortir ; & déchirez leurs hiſtoires plutôt que de vous les rappeler.

Ces temps sont passés, ils ne renaîtront plus ; & c'est toi, Religion sainte, que le fanatisme voulut charger de ses forfaits ! & c'est toi qui cimenteras à jamais l'union entre les Peuples & les Rois ! Je ne vois dans tes fastes que des hommages rendus à la Souveraineté : je ne lis dans ton code sacré que des préceptes d'obéissance & de soumission envers les puissances chargées de nous gouverner. Si quelque écrivain audacieux ose t'imputer des sentimens contraires, qu'il s'anéantisse à la lueur de tes vérités.

Mais il ne suffit pas d'obéir aux Monarques, comme Dieu lui-même nous le prescrit ; il faut encore les aimer sans réserve : c'est le sujet de ma seconde partie.

SECONDE PARTIE.

Si je venois vous parler ici de ces Princes Asiatiques, dont le despotisme pèse de la manière la plus redoutable sur leurs sujets, & qui, comme ces montagnes escarpées qu'on ne peut approcher, épouvantent par leur masse & par leur hauteur, vous me diriez sans doute, comment pouvoir les aimer? Mais je vous parle de ces Rois qu'on voit avec transport, qu'on admire avec raison, qu'on n'invoque point inutilement; je vous parle des Monarques François.

A ce nom si cher, l'ame s'éveille, le cœur s'enflamme, & la mémoire se rappelle tout ce que firent nos Rois pour nous procurer tous les avantages temporels, & pour nous conserver la foi, le plus précieux des trésors: raisons puissantes qui nous engagent à les aimer sans réserve.

Si l'hiſtoire de nos Monarques n'étoit pas écrite dans nos cœurs, ſi elle ne paſſoit pas de bouche en bouche comme une tradition ſacrée que rien ne peut altérer; je raſſemblerois ici tous les ſiècles, & dans cet amas confus de guerres, de carnages, de préjugés, de ſuperſtitions, je vous montrerois nos Rois écartant les erreurs, diſſipant les complots, fixant parmi leurs ſujets la paix & la vérité.

Tous les âges de la Monarchie Françoiſe, malgré les temps les plus barbares & les plus orageux, furent conſacrés par quelque acte de bienfaiſance, par quelque époque qui honore la royauté: tantôt c'eſt la tyrannie qui ſuccombe ſous la vigueur des loix; tantôt l'abondance qui circule au ſein des calamités. Non, je ne crains pas de porter mes regards juſques ſur nos règnes les plus éloignés: combien, au milieu même des ténèbres de l'ignorance, ne nous offrent-ils pas d'objets qu'on doit admirer!

Qu'étoit ce vaste Royaume dans sa première origine? un assemblage effrayant de cavernes & de forêts, qui, la retraite des bêtes fauves comme celle des brigands, ne présentoit à l'œil du voyageur que des ravages & des cruautés; un espace resserré de toutes parts, où, parmi des cabanes de chaume & de roseaux, l'on découvroit à peine quelques misérables cités; un terrain mobile, où les loix sans consistance, les passions sans frein, les hommes sans équité, donnoient cours à tous les vices; un champ de bataille, où des hordes échappées de tous les climats fondoient avec l'impétuosité des torrens, & se provoquoient continuellement à la mort. Voilà ce que virent nos pères; voilà ce que nous éprouverions encore, si la force & la sagesse de nos premiers Rois n'avoient arrêté ces désordres.

Mais, ô grand Dieu ! cette France chérie, qui devoit être votre conquête & votre héritage, se dégagea des tyrans qui l'opprimoient, prit la forme d'une Monarchie qui répondit à la fertilité de ses terres, à l'aménité de ses citoyens ; & ce fut l'ouvrage des Rois que vous suscitâtes pour le bonheur de la Nation. S'il fallut des siècles avant d'exécuter ces vastes desseins, c'est que l'Eternel, devant qui mille ans sont comme un jour, ne distribue ses bienfaits qu'avec poids & mesure pour en mieux faire connoître le prix ; c'est qu'il veut nous apprendre qu'en vain les hommes travaillent, s'il ne met lui-même la main à leur ouvrage : *Nisi Dominus ædificaverit domum, in vanum laboraverunt qui ædificant eam.*

Psalm. 126, v. 1.

Alors les plus riches provinces, tant par des alliances que par les armes, devinrent tributaires de la France, disons mieux, en firent partie ; alors elle s'épura, reprenant cette franchiſe & cette loyauté que l'alliage des autres Nations lui avoit fait prendre ; alors ces fiers Inſulaires, qui ne nous oppoſent qu'une haine impuiſſante, ſe virent contraints d'abandonner nos fortereſſes & nos villes, & de ſe reſſerrer dans leur continent où, par l'abus de la liberté, ils ſe feroient infailliblement détruits, s'ils n'avoient trouvé ſur les mers le moyen de ſe fuir eux-mêmes, & de porter ailleurs leur ambition ; alors l'agriculture, qui arrache à la terre ſes plus précieux tréſors, étendit enfin ſon induſtrie ſur ces contrées ; les déſerts devinrent les campagnes les plus fertiles ; on vit émailler les fleurs, jaunir les moiſſons, & les peuples renaître ſur un nouveau ſol.

Que ne dirai-je point des ſciences, qui ſembloient ne devoir exiſter que pour enrichir l'Egypte, la Grèce, l'Italie ? Nos Monarques les appellent du ſein des régions les plus éloignées, & elles viennent à leur voix donner à cet Empire le plus grand éclat. Déja Charlemagne les fait aſſeoir à ſes côtés, comme la force & l'ornement de ſes Etats; & déja des écoles publiques s'élèvent dans nos cités, comme autant de remparts contre l'ignorance & contre la ſuperſtition. Médecine, politique, juriſprudence, hiſtoire, phyſique, théologie, tout ce qui peut éclairer les hommes, tout ce qui peut les perfectionner, eſt mis en uſage comme en honneur. Le trône devient un centre de lumière, d'où part une multitude de rayons. Des Miniſtres intelligens ſecondent les vues des Monarques; &, tandis que la puiſſance légiſlative veille à la conſervation comme à la proſpérité des citoyens, tient la balance entre le riche & le pauvre, établit des tribunaux où la Magiſtrature exerce les plus importantes fonctions, la force & la gloire ſont reſpecter le nom François jusques dans les climats où le soleil porte à peine sa lumière.

Ici la reconnoissance, comme l'admiration, rapproche de nous ce Restaurateur des sciences & des arts, qui, toujours belliqueux & toujours magnanime, embellit l'histoire par ses vertus & par ses exploits. François Ier.

Là, le cœur s'élance avec impétuosité vers ce Père du peuple, qui, citoyen autant que Roi, ne porta la couronne qu'il conquit sur ses propres sujets, que pour la leur faire chérir; ne s'occupa de ses peuples que pour adoucir leur sort; & dont la mort fut plutôt un nouveau règne qu'un trépas. Henri IV.

Ici, la véritable grandeur nous offre comme son héros, ce Prince qui, soumettant la raison à l'esprit, l'orgueil à la dignité, la gloire au bonheur de ses sujets, donna des loix à l'Europe, rendit ses conquêtes utiles à son Royaume, Louis XIV.

s'entoura d'une multitude d'hommes célèbres, dont il fut l'ame & la vie, eut enfin l'honneur de créer son siècle comme Auguste avoit formé le sien.

Louis XV. Là, c'est un Monarque, qui, protecteur de l'Agriculture, du Commerce, des Arts, fit ouvrir des chemins publics dans tout son Royaume, établit cette Ecole pour l'éducation de la jeune Noblesse; & qui, plein de tendresse pour ses enfans, de bonté pour ses sujets, acquit à juste titre le surnom de *Bien-Aimé.*

Mais, interrogeons cette ville superbe, où l'œil se lasse à l'aspect de tant d'objets épars que la variété diversifie, que l'élégance embellit, que la grandeur marque de son empreinte. Combien de merveilles toujours renaissantes? combien de monumens, dont l'ensemble rend un hommage continuel à la magnificence de nos Rois? Il n'y a point d'étrangers, qui, parcourant cette immense Capitale, ne s'écrient dans des transports d'admiration : Heureux les Souverains capables d'opérer de si grandes choses ! heureux les sujets nés pour les contempler ! *Beatum dixerunt populum, cui hæc sunt.* *Psalm. 23. v. 18.*

Elevons maintenant nos esprits, ouvrons les yeux au grand spectacle de la Religion : voyons ce zèle ardent qu'employèrent nos Monarques pour conserver parmi nous le dépôt sacré de la Foi.

Ah ! Messieurs, vous le savez, nos Souverains, au milieu de l'éclat qui les environne, auroient pu facilement abuser de leur grandeur & de leur autorité, si le Christianisme n'avoit fait germer la vraie piété dans leurs cœurs ; mais heureusement ils écoutèrent sa voix, qui tantôt leur cria du fond des tombeaux, que les Rois eux-mêmes ne sont que cendre & poussière, comme le dernier de leurs sujets, & qui tantôt se fit entendre du ſein des Cieux, pour leur dire qu'il n'y a qu'une couronne immortelle qui puiſſe & qui doive remplir leurs deſirs.

Quelle révolution heureuſe ce premier cri de la Religion n'opéra-t-il pas ſur le trône? Je vois les Monarques en deſcendre, mettre leur ſceptre aux pieds de Jéſus-Chriſt, & lui jurer une inviolable fidélité.

De-là, ces loix ſaintes qui lui firent rendre dans tous les temps le culte qu'on lui doit; de-là, ces ordonnances ſacrées qui le vengèrent des attentats de l'incrédulité; de-là, ce zèle & cette piété qui méritèrent à nos Souverains le titre précieux de *Rois Très-Chrétiens*, comme celui de *Fils Aîné de l'Egliſe.*

Ah! ſi nous ſommes régénérés, dès en naiſſant, dans les eaux vivifiantes du Baptême, ſi l'on nous met en main les élémens de la Religion dès notre plus tendre enfance, ſi nos ames s'élèvent au-deſſus de ce monde matériel, pour mériter une vie toute céleſte, c'eſt à nos Rois que nous devons ces biens ineſtimables, eux qui, *les Evêques du dehors*, (comme les Conciles les appellent) firent ériger de toutes parts des édifices ſacrés, où l'on adore Dieu jour & nuit en eſprit & en vérité ; eux, qui s'opposèrent ſans ceſſe aux ravages de l'héréſie & de l'incrédulité; eux qui, juſques chez les Nations infidelles, arborèrent l'étendard de la Croix. O Louis ! vous, que la piété porta ſur ſes ailes au-delà des mers ; vous, qu'elle rendit invincible au milieu même des plus grands malheurs ; vous, dont la gloire eſt celle d'un Héros, diſons mieux, d'un Saint, qu'il me ſoit permis d'ajouter à l'hommage ſolemnel qu'on vous rend dans tous les lieux, celui de ma foible voix. L'Egliſe elle-même s'applaudit de pouvoir montrer à la terre un Roi qui ſe glorifioit moins de porter la couronne, que d'avoir reçu la grace du Baptême; un Conquérant aussi Chrétien au milieu du tumulte des armes, qu'au sein du silence & de la paix; enfin un homme céleste, dont l'ame s'étendit autant que l'éternité.

Mais que j'aime à voir les fastes de la Religion se mêler avec les annales de cet Empire, pour apprendre à toutes les générations quelle fut la libéralité de nos Monarques envers le Saint-Siège, leur respect pour les souverains Pontifes, leur dévouement à l'égard de l'Episcopat, dont le véritable esprit fait la gloire du premier Pasteur de ce Diocèse!

Que dirons-nous de leurs exemples? Pénétrés du plus profond respect pour nos saints Mystères, exacts observateurs des loix que l'Eglise nous impose, empressés à venir dans cette Capitale rendre hommage à l'Eternel, toutes les fois qu'il leur arrive quelque prospérité temporelle, ils nous animent à remplir fidèlement les devoirs de Chrétiens. Vous les avez vus, Messieurs, oui, vous les avez vus à la naissance de cet auguste Prince si cher à la Nation, incliner leurs diadêmes devant la Reine des Cieux, réclamer la puissance de cette glorieuse Patrone, dont les ossemens prophétisent encore après la mort: *Ossa ipsius post mortem prophetaverunt ;* & ce spectacle attendrissant excita vos larmes & vos acclamations.

Eccl. chap. 49, v. 18.

A Dieu ne plaise que je veuille ici flatter les Rois aux dépens de la vérité : je connois les écueils dont ils sont environnés, & je n'ai point oublié que leurs règnes ne furent que trop souvent flétris par des foiblesses; mais vous savez que je ne suis que l'organe de la Nation, quand je publie leur zèle en faveur du Christianisme ; & que depuis Clovis, il n'en est pas un seul qui n'ait fait rendre à l'Eglise tout l'hommage qu'on lui doit, qui n'ait conservé avec la plus religieuſe attention les prérogatives de ſes Miniſtres.

Qu'il eſt doux de traiter une pareille matière dans un Royaume où la Religion triomphera toujours de l'incrédulité, où tous les citoyens ſont plutôt des enfans que des ſujets, où tout homme eſt ſoldat quand il s'agit de défendre les intérêts de ſon Roi, où chacun tient au trône, par l'ardeur qu'il met à le ſoutenir !

Auſſi me diſpenſez-vous, Meſſieurs, de vous caractériſer ici l'amour que nous devons à nos Souverains ; de vous dire qu'il n'auroit pas les qualités juſtement requiſes, s'il n'étoit tendre, conſtant, généreux, filial, en un mot, ſemblable à celui de nos braves Guerriers qui vont juſques aux extrémités du monde moiſſonner des lauriers dans leur propre ſang.

Siècles à venir, ouvrez vos faſtes à nos yeux ! que de faits mémorables qui ſe ſuccéderont pendant votre cours ! que d'exploits qui prouveront à nos deſcendans que la Nation Françoiſe ne dégénère jamais, quand ſon devoir l'engage à manifeſter ſon amour à l'égard de ſes Souverains ! que d'hommes qui ne ſont pas encore nés, & qui deviendront par la ſuite le bouclier & l'appui des auguſtes fils du vertueux Monarque qui règne aujourd'hui parmi nous, de LOUIS XVI, dont l'hiſtoire, dans le court eſpace de huit ans, a déja fourni les traits les plus mémorables pour la Monarchie, les plus glorieux pour l'humanité !

Grand Dieu ! nous nous rappellerons chaque jour aux pieds de vos Autels, que vous l'avez rempli d'un eſprit de force, de prudence, de vérité, dont l'Europe a déja reſſenti les plus heureux effets ; que vous lui avez appris à diſcerner les hommes, & que ceux qu'il honore de ſa confiance augmenteront la gloire de ſon règne ; que vous l'avez enrichi des vertus Chrétiennes & ſociales, qu'il partage avec une Reine, avec une famille qui vivront à jamais dans tous les cœurs ; qu'enfin vous nous l'avez donné jeune, afin que nous ayons le bonheur de le conſerver plus long-temps.

Ainſi ſoit-il.

SERMON

POUR

LE VENDREDI SAINT,

Sur le Myſtère de la Paſſion.

Juſtus perit, & non eſt qui recogitet in corde ſuo.
Le Juſte meurt, & perſonne ne s'en occupe.
Du Proph. Iſaïe, chap. 57.

LE voilà donc ce ſacrifice, que la Nature attendoit depuis quatre mille ans, qui s'accomplit aujourd'hui ſur le Calvaire; & le Juſte par excellence, figuré par les Patriarches, meurt ſur la Croix, à l'aſpect de la terre qui tremble, des morts qui reſſuſcitent, des rochers qui se fendent, du soleil qui pâlit, sans qu'il y ait personne occupé d'un si grand évènement : *Et non est qui recogitet in corde suo.*

Mais comment les Nations seront-elles assez ennemies d'elles-mêmes pour vouloir tout connoître, & pour oublier la seule chose qu'il leur est important de savoir? comment seront elles assez aveugles pour se repaître de fables & de chimères, & pour laisser échapper une vérité qui fait la base de leur bonheur? Ah! c'est ici, Ministres du Dieu vivant, qu'il faut sincèrement gémir sur les malheurs de l'humanité, qu'il faut dire en poussant les plus profonds soupirs : vos créatures, ô mon Dieu ! ne seront-elles donc sorties de vos mains que pour se perdre ? Et le sang adorable de votre Fils unique n'auroit-il donc été répandu que pour mettre un sceau ineffaçable à leur réprobation? *Plangite, sacerdotes; ululate, ministri altaris.*

Cependant, Meſſieurs, rien de plus néceſſaire que de connoître le myſtère de la Paſſion, puiſqu'il renferme toute l'économie de la Religion : premièrement, en ce qu'il nous donne une véritable idée de la grandeur de Dieu ; ſecondement, en ce qu'il rend digne de lui le culte que nous lui déférons ; troiſièmement, en ce qu'il nous communique la véritable vie.

O Croix de mon divin Sauveur ! ce ſera déſormais à vos pieds, & non dans les écoles des Philoſophes, que nous irons apprendre à connoître nos devoirs & nos deſtinées ; que nous irons puiſer les moyens de ſervir Dieu avec amour & fidélité ; & que nous dirons avec toute l'Egliſe, en vous regardant comme notre eſpérance, & comme un port aſſuré : *O Crux, ave, &c.*

PREMIÈRE PARTIE.

EN VAIN les Philoſophes de tous les lieux, de tous les temps, ſe ſuccédèrent pour nous apprendre ce que c'eſt que ce Dieu toujours inviſible & toujours préſent ; ce Dieu toujours tranquille & toujours agiſſant : il n'y avoit que la mort de Jeſus-Chriſt qui devoit nous inſtruire de ce qu'il eſt, & de la manière dont nous devons le conſidérer. Ni les Patriarches, ni les Prophètes, ni Moïſe lui-même, malgré les ſublimes idées qu'on trouve dans leurs prédictions, leurs Pſeaumes, leurs Cantiques, ne nous avoient point donné une notion exacte de la juſtice & de la grandeur de Dieu. Mais dans l'hiſtoire de la Paſſion de Jeſus-Chriſt, où nous le voyons proſterné devant ſon Père dans le jardin des Olives, trahi par Judas, renié par Pierre, abandonné de tous ses Disciples ; traduit de tribunaux en tribunaux pour y être la victime des humiliations & des cruautés : nous savons que Dieu, souverainement infini, ne s'appaise, lorsqu'on l'offense, que par une satisfaction infinie ; que les sacrifices de l'ancienne Loi étoient impuissans pour effacer le péché d'Adam ; que les hommes auroient tous expiré sous l'anathême, si le Fils même de Dieu ne s'étoit offert en holocauste, comme un médiateur absolument nécessaire ; qu'enfin, les moindres péchés sont des crimes aux yeux de l'Eternel, & que nous ne pouvons les racheter que par la foi dans le souverain Rédempteur.

Voilà, Messieurs, ce qu'il faut envisager dans la Passion de Jesus-Christ. Dieu ne parut jamais plus grand qu'au moment même où son Fils unique, l'objet de ses complaisances, servit de dérision à tout un peuple insensé, que lorsque la puissance des ténèbres sembla le tenir ſous ſa domination, que lorſque tout conſpiroit contre ſa perſonne adorable.

Evènement inouï, dit ſaint Auguſtin, & qui annonçoit à la terre qu'il n'en eſt pas de Dieu comme des hommes, qu'on ſatisfait en leur demandant ſimplement pardon ; mais qu'il eſt une intelligence au deſſus de toutes nos conceptions, qui regarde chaque offenſe comme un outrage qui bleſſe ſur-tout ſes attributs, & qui exige une réparation proportionnée. Toutes les macérations des Anachorètes, dit ſaint Ambroiſe, tous les ſupplices des Martyrs étoient autant d'actes inſuffiſans pour nous réconcilier avec la Divinité. Et que pouvoit l'homme, en effet, qui n'eſt que misère & néant devant l'Arbitre ſuprême de nos deſtinées? au lieu que Jeſus-Chriſt, le caractère & la ſplendeur même du Tout-Puiſſant; Jeſus-Chriſt, le principe & la fin de toutes

toutes choses ; Jesus-Christ, par qui les siècles ont été faits ; Jesus-Christ, en qui réside corporellement & substantiellement la plénitude de la Divinité, avoit des droits incontestables pour fléchir la colère de son Père, en se chargeant de nos iniquités, & s'humiliant jusqu'à la mort de la Croix.

Grand Dieu ! que votre sainteté est donc étonnante, s'écrie saint Bernard, puisqu'il ne faut rien moins que le Verbe éternel pour abolir les taches du péché ! Il me semble le voir, cet horrible péché, s'élever de l'abîme où réside Satan, & former un chaos entre la terre & le Ciel, jusqu'à ce que le Messie, venant à se présenter au milieu des hommes, les rende capables de mériter. Ses peines, ses jeûnes, ses abstinences, ses humiliations, ses douleurs, toute sa vie n'éclate ici-bas, que pour désarmer la colère du Tout-Puissant ; il ne répand des sueurs de sang, il ne devient le jouet d'Hérode, il ne reçoit un soufflet de la part d'un soldat effréné, il n'est enfin couronné d'épines, que pour solliciter notre pardon auprès de son Père.

Dieu ne voit dans son Fils que nos iniquités ; & voilà pourquoi sa passion & sa mort nous présentent un spectacle si terrible & si humiliant, pourquoi le Ciel paroît d'airain lorsqu'il l'invoque, pourquoi le Père éternel le laisse à la merci des bourreaux. Il falloit, dit l'Ecriture, que le Christ souffrît & qu'il entrât ainsi dans sa gloire. Et que serions-nous devenus, dit saint Augustin, s'il étoit descendu de la Croix, comme les Juifs l'en défioient ? Alors le grand mystère de la Rédemption ne seroit pas accompli; &, courbés sous le joug du Démon, les hommes ne se seroient succédés que pour répandre la malédiction de toutes parts, que pour être des objets proscrits ; & nous ne respirerions que pour maudire notre existence à tout instant.

Ah! Meſſieurs, quelle glorieuſe époque pour l'humanité! quel moment fortuné pour l'Univers, lorſque le ſang de l'Homme-Dieu vint à couler ſur le Calvaire! ce ſang qui, ſelon le langage de l'Egliſe, purifia la terre & les mers! ce ſang, qui comme un torrent ſorti du ſein des Cieux, vint paſſer à travers les ſcandales, les crimes, les héréſies & les forfaits, pour en effacer juſqu'à la trace! ce ſang dans qui tous les cœurs trouvèrent le ſalut & la vie!

O Adam! ne gémiſſez plus ſur votre poſtérité, votre déſobéiſſance eſt réparée; votre faute eſt devenue heureuſe, en nous méritant le bonheur ineſtimable d'avoir Jeſus-Chriſt pour rédempteur!

Ceci, Meſſieurs, n'eſt-il pas ſuffiſant pour vous inſpirer la plus grande horreur du péché, pour vous faire connoître combien il offenſe la majeſté divine, puiſque toutes les vertus, toutes les pénitences ne pouvoient en obtenir la rémiſſion ſans la médiation de Jeſus-Chriſt ? Cependant, avec quelle fureur ne ſe livre-t-on pas aux tranſgreſſions de la Loi ? Rien ne coûte à la jeuneſſe, ſur-tout quand il s'agit de prévariquer ; elle ſe fait un jeu d'obéir aux paſſions, d'écouter le cri de l'impiété pour fermer l'oreille à ce qu'inſpire la raiſon. L'état militaire même, où l'on doit ſe faire un point d'honneur de ſervir ſon Dieu & d'honorer ſon Roi, loin d'être exempt des vices qui ruinent les mœurs & qui troublent l'harmonie de la ſociété, n'eſt que trop ſouvent une occaſion de diſſipation & de déréglement.

C'eſt en vous occupant du grand ſpectacle que le Meſſie vous offre aujourd'hui, que vous éviterez ces écueils. Rien n'eſt plus capable que la Paſſion de Jeſus-Chriſt, dit ſaint Bernard, de nous inſpirer des ſentimens d'humilité, de nous détacher des plaiſirs ſenſuels, de nous attacher enfin au Sauveur de nos ames, comme à celui qui nous a appris par sa mort à connoître la grandeur de Dieu, & qui rend le culte que nous lui devons digne de lui être offert.

SECONDE PARTIE.

QUAND nous disons qu'il n'y a que la Religion Chrétienne qui puisse ouvrir les portes du Ciel, il s'élève chez la plupart des hommes une sorte de commisération qui voudroit étendre le bienfait du salut à tous les peuples, à tous les cultes, à toutes les sectes; mais on sent l'illusion de cette pitié toute humaine, quand on vient à réfléchir que Jesus-Christ n'est mort que pour rendre nos prières & nos vœux agréables à Dieu, que pour donner un prix infini à nos abstinences comme à nos actions, & que sans cela il seroit mort inutilement, comme le dit le

Gal. c. 2, v. 21. grand Apôtre : *Ergo gratis Christus mortuus est.*

Ainsi, lorsque nous élevons nos mains vers le Ciel, nous n'avons rien en nous-mêmes qui puisse fixer les regards de l'Eternel, rien qui puisse faire tomber sur nous les dons de l'Esprit Saint; mais quand nous nous unissons à Jesus-Christ, & que c'est en son nom que nous formons des demandes & que nous sollicitons des faveurs, Dieu ne voit que son propre Fils, & nous considérant en lui seul, il exauce nos desirs.

Aussi l'Eglise a-t-elle soin de terminer toutes ses Collectes au nom de Jesus-Christ : *Per Dominum nostrum Jesum Christum*, parce qu'il n'y a que ce nom adorable par lequel nous puissions mériter & opérer notre salut.

Oui, notre Religion, malgré la sainteté de ses cérémonies, la sublimité de ses maximes, ne seroit qu'un simulacre sans ame & sans vie, si J. C. n'en étoit le principe & la fin ; mais il la sanctifie par sa divine influence, comme il l'a formée sur le Calvaire par l'effusion de son sang ; c'est dans ce sang précieux qu'elle a germé pour fleurir ensuite avec le plus d'avantage & le plus grand éclat.

Jesus-Christ est le chef du Christianisme, parce que de lui, dit saint Bernard, découle la sainteté qui l'anime. Eh ! quelle sainteté ? l'avantage inestimable de professer les dogmes les plus merveilleux & les plus sublimes, d'enseigner la morale la plus pure, de communiquer les dons les plus précieux, de promettre des biens éternels. O Religion divine ! quand je pense au Calvaire où tu pris naissance, je m'y rends en esprit avec la très-sainte Vierge, avec les saintes Femmes, avec le Disciple bien aimé ; & prosterné de cœur & d'esprit, je recueille, en pleurant sur moi-même & sur mes péchés, les derniers ſoupirs de l'Homme-Dieu ; je m'incline dans ſes plaies ; je me lave dans ſon ſang , & je bénis l'inſtrument de ſon ſupplice devenu l'inſtrument de mon ſalut.

Qu'il eſt beau de voir Jeſus-Chriſt le premier & le dernier anneau du Chrétien , de le voir , par un effet rétroactif, remonter juſqu'au premier homme, pour ſauver par la vertu de ſon ſang les Prophètes & les Patriarches !

L'Homme-Dieu ſe préſente dans l'univers, au milieu de toutes les générations, comme le Juſte qui attire tout à lui, comme le Prophète qui expie les crimes & les ſcandales, comme l'agneau divin qui ôte les péchés du monde. On vient à lui de toutes parts : à peine naît-il que les Rois inveſtiſſent ſon berceau ; & le cours de ſa vie ſe paſſe à rendre la vue aux aveugles, la parole aux muets, la vie même aux morts.

Mais c'eſt dans ſa Paſſion qu'il faut

le confidérer, pour voir comme il prêche par fon exemple toutes les vertus; il n'y en a pas une qu'il n'élève à la plus grande perfection, par la manière dont il fouffre, dont il répond, dont il meurt. Chaque parole eft une leçon; chaque regard eft un trait divin; chaque gefte un figne de bénédiction. On blafphême contre fa perfonne facrée, & il défarme les blafphémateurs par fa patience & par fa fageffe. On le couvre d'ignominie, & il reçoit ces fanglans outrages avec une foumiffion héroïque. Il eft l'homme de douleurs, lui qui tonne dans les Cieux! Il eft un Roi de théâtre, lui par qui les Rois règnent & les Empires s'illuftrent! Il eft mis en parallèle avec un voleur, crucifié entre deux larrons, lui qui eft la fainteté même, lui qui rend l'innocence à ceux qui l'ont perdue!

Que de fouffrances il a donc fallu endurer, que d'humiliations, pour rendre notre culte méritoire ! Ah ! c'eſt en s'abreuvant de fiel & de vinaigre que Jeſus-Chriſt a ſanctifié nos macérations.

Le Chrétien qui ſouffre ſur un lit de douleur eſt aſſuré de monter ſur le Calvaire avec notre divin Sauveur ; le Chrétien qu'on perſécute ſe conſole en penſant qu'il participe aux tourmens de l'Homme-Dieu ; le Chrétien qu'on humilie devient plus grand que les hommes les plus ſuperbes , par la conviction où il eſt que le rédempteur des hommes l'aſſocie à ſes humiliations. En vain le Philoſophe nous vante ſon ſtoïciſme ; il livreroit ſon corps aux flammes , que ſon héroïſme , vide de foi & de charité , ne ſerviroit qu'à lui inſpirer le plus redoutable orgueil.

Jeſus-Chriſt eſt la sève , dit ſaint Bernard , qui donne à nos actions un principe de vie ; ſans lui il n'y a que des œuvres mortes , & la foi ne nous préſente que des cadavres , dans tous les hommes qui n'adorent pas le Messie; ils paroissent à l'extérieur ce que nous sommes, mais ils n'ont point de part à cette substance divine, à cette onction céleste, qui est le fruit de la mort de Jesus-Christ.

Quelle différence, s'écrie saint Chrysostôme, entre la mort des Princes de la terre & celle du Fils de Dieu! ils ne laissent après eux qu'une cendre insensible, qu'un froid monument, que des choses menteuses ou supposées; au lieu que Jesus-Christ vivifie son repos, en répandant sur toute la terre les fruits de sa Passion : cela est si vrai, que les Etienne, les Laurent, enfin tous les Martyrs, n'étonnèrent l'univers que parce qu'ils avoient Jesus-Christ dans leur cœur; c'étoit lui qui souffroit en eux, lui qui les élevoit à la gloire de prendre le Ciel d'assaut, lui qui les couronnoit au milieu de leur triomphe à la vue du Père céleste.

Quelle consolation pour l'homme le plus simple, qui souffre avec foi, qui prie avec foi, qui fait l'aumône avec foi ! il se dit à lui-même : ces actions, toutes simples qu'elles sont en apparence, ne périssent point, mais elles vont s'unir à l'immensité même de Jesus-Christ, pour revivre à jamais dans le Ciel, pour y servir de témoignage que le sang de l'Homme-Dieu est vraiment le principe efficace de tout bien, & que par lui tout ce qui est souillé se purifie, tout ce qui paroît indifférent devient précieux, tout ce qui ne respire que l'humilité acquiert une vraie grandeur.

Tel est le mérite, Messieurs, du culte que nous professons, & qui, nous plaçant dans une région toute céleste, nous élève au dessus de la terre & des sens, pour nous rendre participans de la nature divine : *Divinæ consortes naturæ ;* ce qui faisoit dire à saint Pierre que tous les Chrétiens ſont une nation ſainte, un ſacerdoce royal : *Gens ſancta, regale ſacerdotium.*

O mort de notre divin Sauveur ! quel eſt ton pouvoir, devons-nous dire avec transport, & d'autant plus qu'après nous avoir appris à connoître la grandeur de Dieu, qu'après avoir rendu notre culte digne de lui, tu nous procures le moyen de vivre d'une manière toute divine ?

TROISIÈME PARTIE.

SANS la grace, principe de tout bien, l'homme n'eſt réellement qu'une cimbale retentiſſante, & ſes vertus n'opèrent rien d'efficace pour l'éternité ; elles peuvent en impoſer aux hommes, mais Dieu, les voyant deſtituées de la force qui les vivifie, les abandonne comme des œuvres terreſtres qui n'auront eu d'autre récompenſe que celle de la terre.

Grand Dieu ! que deviendront donc au jour de vos vengeances la plupart des actions qu'on loue dans les livres comme dans les difcours, qu'on écrit fur le marbre comme fur l'airain ? Hélas ! ceux mêmes qui les auront pratiquées fortiront de leurs tombeaux les mains vides ; & comme ils n'auront agi que pour la terre, leurs œuvres s'y enfeveliront avec eux.

Le vrai Chrétien fera le feul qui, ayant exprimé fur lui-même la Paffion de notre divin Sauveur, fe verra environné des actions qu'il aura faites, comme d'autant de pierres précieufes qui embelliront fa couronne.

Ici, Meffieurs, repréfentons-nous le moment formidable où l'Homme-Dieu, portant l'étendard de fa Croix, & les marques de fes fouffrances imprimées fur fon corps adorable, ne préconifera ni les exploits que la gloire profane célèbre, ni les victoires qui auront eu pour principes l'orgueil ou l'ambition ; mais où il récompensera un ſimple verre d'eau froide donné en ſon nom ; & ceci, Meſſieurs, eſt pour renverſer les fauſſes idées que nous avons de la grandeur, pour nous apprendre qu'il n'y a vraiment que Jeſus-Chriſt capable de nous communiquer l'eſprit de vie propre à nous conſerver dans ſon divin amour.

Ainſi les Saints, que le monde mépriſe, traverſant le vaſte eſpace qui nous ſépare de Dieu, voleront juſques dans ſon ſein, portés ſur les ailes mêmes de la charité : les voilà les véritables ſages, s'écrieront les réprouvés ; nous les regardions comme des inſenſés, & ce ſont les amis de Dieu.

Tel eſt l'effet de la Paſſion de Jeſus-Chriſt ; tous ceux qui l'auront imité dans ſes peines, dans ſes angoiſſes, dans ſes tribulations, reſſuſciteront glorieuſement comme lui ; ils entendront ces paroles qu'il dit au bon larron : Vous

ſerez aujourd'hui avec moi dans le Ciel :
Luc, c. 23, ỳ. 23. *Hodie mecum eris in Paradiſo.*

Il n'y avoit qu'un Homme-Dieu, dit ſaint Bernard, dont le dernier ſoupir pouvoit donner la vie à tous les Élus. Il expire le Sauveur du monde ! & cet acte, loin d'être l'effet d'une nature défaillante, loin de prouver la puiſſance des bourreaux, nous force à conclure que Jeſus-Chriſt n'eſt mort que lorſqu'il l'a voulu, que ſelon la manière dont il l'a déterminé, qu'après avoir attiré par ſa Croix ceux qui doivent le faire revivre ſur la terre en marchant ſur ſes traces.

Quand on contemple ces vérités, il n'eſt pas à craindre qu'on perde de vue le grand ouvrage de notre rédemption ; il n'eſt pas à craindre qu'on meure en impie, ſoit en ſe donnant la mort à ſoi-même, ſoit en la raviſſant au prochain.

Mais, c'eſt moins dans les livres que

vous les trouverez ces vérités ſaintes, qu'au pied de la Croix. Je ſais, Meſſieurs, que dans un ſiècle auſſi ſenſuel que le nôtre, on n'oſe preſque plus propoſer à la vue des hommes un ſpectacle auſſi douloureux. Quel contraſte en effet entre nos théâtres, & la vue d'un Dieu crucifié! entre les plaiſirs que le monde autoriſe, & les humiliations qui accompagnèrent la Paſſion du Sauveur! Cependant, il n'eſt point d'autre perſpective pour le Chrétien; c'eſt-là qu'il doit continuellement s'immoler en eſprit & en vérité; c'eſt-là qu'il doit recueillir les vertus néceſſaires pour opérer ſon ſalut. Point de diſtinction, point d'exception; tout homme, de quelque rang qu'il puiſſe être, dans quelque pays qu'il ſoit né, doit s'attacher à la Croix, s'il veut avoir part à l'héritage des Élus.

Ne ſoyez donc pas ſurpris, Meſſieurs, ſi on la remet ſans ceſſe ſous vos yeux, ſi on vous la préſentera au moment de votre mort comme un ſigne de confiance. Vivre de la Croix, c'eſt ſe nourrir de jeûnes & de mortifications ; c'eſt faire ce que firent les premiers fidèles avec la plus grande ferveur. On les vit, amateurs des ſouffrances & de l'abnégation, appliquer continuellement leur cœurs ſur ce divin objet : c'étoit leur eſpoir, c'étoit leur tréſor.

Ne permettez pas, ô mon Dieu! que cet ouvrage de votre ſageſſe (que les impies prennent pour une folie) demeure inutile. Vous pouvez écraſer du poids de votre Croix tous ceux qui le combattent par leurs mauvaiſes mœurs, ou qui le contrediſent par leurs maximes ; mais il eſt plus digne de votre toute-puiſſance de les convertir & de leur pardonner, ſur-tout dans ce jour mémorable où l'Egliſe célèbre la mémoire de votre mort.

Qu'il eſt précieux pour une ame

chrétienne, ce jour solemnel! Outre que son souvenir nous rappelle les plus étranges révolutions, il nous remet devant les yeux le Saint des Saints, prenant lui-même notre cause en main, effaçant la cédule de mort qui nous attachoit à l'empire du Démon, brisant la puissance de Satan, & liant aux Cieux nos espérances & nos destinées : il nous met, cet heureux jour, dans le cas de pouvoir dire avec une sainte fierté, que nous sommes autant de Christ, & que nous sommes réellement les membres de ce Chef couronné d'épines, que l'univers contemple avec une religieuse frayeur; on ne voit plus en lui ni trace de la Divinité, ni vestige de l'humanité, tant il paroît défiguré; mais cette apparente ignominie vient de nos péchés : ce sont les vrais bourreaux qui ont mis Jesus-Christ en croix, & que nous devons lui immoler en nous rendant les imitateurs de ſa patience, & de ſon amour pour les ſouffrances.

Faites, ô mon Dieu! que cette jeuneſſe qui m'écoute ſe pénètre de ces grandes vérités, & qu'elle apprenne aujourd'hui par votre mort, qu'en répandant le ſang des ennemis, il ne faut jamais oublier celui que vous verſâtes ſur le Calvaire; afin de chérir la paix au milieu même de la guerre, & de conſerver cette douceur, cette tendre charité qui doivent unir tous les hommes, & qui engage Jeſus-Chriſt lui-même à prier pour ſes bourreaux.

Mais arrêtons-nous ſur le moment qui termina la vie de l'Homme-Dieu, & qui commença notre bonheur; ne laiſſons plus parler que notre cœur; abſorbons-nous dans celui qui eſt le centre & la plénitude de toutes les perfections; celui qui a épuiſé juſqu'à la dernière goutte de ſon ſang pour achever le grand ouvrage de notre Rédemption;

croyons, eſpérons, aimons, & que cet amour s'uniſſe à tous les ſiècles, pour répondre à celui de notre divin Sauveur.

Ainſi ſoit-il.

SERMON

POUR

LE JOUR DE PÂQUES,

Sur le Myſtère de la Réſurrection de Jesus-Chriſt.

Ego ſum Reſurrectio & Vita.

Je ſuis la Réſurrection & la Vie.

En ſaint Jean, Ch. 11.

QUEL eſt donc, Meſſieurs, cet Homme privilégié, qui dit à la face de l'univers, ce que ni les plus grands Légiſlateurs, ni les plus fameux Conquérans n'avoient oſé dire d'eux-mêmes, malgré leurs triomphes & leur renommée?

Quel eſt ce Nazaréen qui déclare à tous les hommes que c'eſt par lui ſeul qu'ils vivent, qu'ils meurent, qu'ils reſſuſcitent? *Ego ſum Reſurrectio & Vita.* Langage ſublime, qu'on n'avoit point entendu juſqu'alors, qui ne retentit jamais dans les Ecoles d'Athènes & de Rome, & qu'aucun ſage n'oſa s'approprier! Non, il n'y a qu'un Dieu qui puiſſe parler avec autant de force & d'autorité, il n'y a que la Sageſſe éternelle, par qui les Cieux & les abîmes ont été créés, qui diſe de ſi grandes choſes en ſi peu de mots: *Ego ſum Reſurrectio & Vita.*

A ces paroles, je la reconnois cette ſageſſe pour le caractère de la ſubſtance même de l'Éternel, pour le principe & la fin de tout ce qui a été fait, pour le Verbe increé Dieu de Dieu, lumière de lumière, qui éclaire tous les peuples, qui forme l'eſpérance de toutes les générations.

La résurrection & la vie, voilà ce qui anéantit tous les titres pompeux que les hommes se donnent pour relever leur néant & pour nourrir leur orgueil ; voilà ce qui caractérise vraiment le Messie, ce qui le venge de tous les opprobres que la rage des Juifs lui fit éprouver ; voilà ce qui lui assure à perpétuité l'hommage de tous les siècles & de tous les lieux ; voilà ce qui rend ce jour d'alégresse à jamais mémorable, ce qui brise la pierre du sépulcre & la porte des enfers, ce qui désarme la mort même, & la met dans l'impuissance de triompher : *Resurrectio & vita.*

Patriarches qui avez figuré ce grand événement, Prophètes qui l'avez annoncé, vous unissez vos voix à celle de l'Eglise militante pour célébrer cette merveilleuse époque, qui devient, premièrement, le fondement de notre Foi, secondement, le germe de notre Résurrection.

Et vous, Marie, vous, la Reine des Cieux, vous, que toute la terre implore comme sa consolation & son refuge, vous, qui passâtes de la plus profonde douleur à la plus vive alégresse, quand l'Homme-Dieu, rayonnant de gloire & de majesté, sortit victorieusement de son tombeau, obtenez-moi les lumières de l'Esprit-Saint, afin que je puisse parler dignement de ce Mystère ineffable ; je vous le demande au nom de la Société des Fidèles, qui, répandus de toutes parts, vous disent aujourd'hui dans l'effusion de leur cœur : *Regina Cœli.*

PREMIÈRE PARTIE.

QUE seroit devenue l'œuvre de Jesus-Christ, dit saint Chrysostôme, si elle n'avoit été marquée du sceau de la Résurrection? Hélas! semblable aux entreprises des hommes, elle n'auroit duré

que quelques jours, & l'on ne l'auroit retrouvée dans les hiſtoires que comme une ſtérile époque dont il n'auroit rien réſulté ; mais le myſtère ineffable de l'Incarnation ſe trouvant appuyé de la Réſurrection devient une colonne inébranlable, que tous les efforts de l'enfer ne peuvent renverſer : c'eſt ce qui fait dire au grand Apôtre, que ſi le Fils de Dieu n'eſt pas reſſuſcité nôtre foi eſt
1. Cor. c. 15, v. 12. vaine : *Inanis eſt, & fides veſtra.*

Oui, Meſſieurs, je ne crains point de le dire, abjurez le Chriſtianiſme, renoncez à la qualité de Chrétiens, l'Evangile ne ſeroit plus vrai, & Jeſus-Chriſt ne ſeroit pas Dieu s'il n'étoit pas reſſuſcité. Mais la vie qu'il reprend dans ce jour ſolemnel ajoute à ſon ouvrage toute ſa perfection, rend véritablement le myſtère de la Réſurrection le fondement de notre foi, & parce qu'il eſt appuyé ſur les plus grands témoignages, & parce qu'il confirme d'une manière invincible toutes les vérités que l'Eglise nous enseigne.

Il n'y eut jamais un témoignage plus solemnel en faveur de la divinité de Jesus-Christ, que le grand évènement qui fait aujourd'hui l'admiration de tous les Chrétiens. On avoit bien vu des hommes ressusciter des morts : les Prophètes avoient donné à l'univers ce spectacle si frappant ; mais se ressusciter soi-même après l'espace de trois jours, c'est un miracle d'un genre tout nouveau. Oui, Seigneur, votre toute-puissance se manifeste en ce jour avec le plus grand éclat ; & nous voyons avec admiration que vos oracles s'accomplissent, ainsi que vous l'aviez annoncé. Si jamais il y eut une chose démontrée aux yeux de la raison, c'est sans contredit le mystère que l'Eglise dans ce moment célèbre avec transport. Outre les prophéties qui l'annoncèrent d'une manière si claire & si précise, outre les promesses que Jesus-Christ avoit faites à ses Disciples de ressusciter véritablement, toutes les circonstances qui accompagnent cette glorieuse époque portent avec elles-mêmes tous les caractères de la conviction : l'incrédule, malgré ses objections & ses railleries, se voit forcé de convenir des faits, ou d'employer pour les combattre les plus foibles moyens.

Qu'y a-t-il en effet de plus fort & de plus évident pour constater la Résurrection du Sauveur, que ces sentinelles que les Juifs posent autour du tombeau pour en être les défenseurs & les gardiens ; que cette pierre énorme qui se trouve enlevée malgré sa redoutable pesanteur ; que le témoignage des gens endormis qu'on cite pour infirmer la vérité des faits, comme si la déposition d'une garde plongée dans le sommeil pouvoit être d'aucune autorité? Ah! c'est bien ici qu'on peut s'écrier avec le Roi Prophète : L'iniquité s'en eſt imposée à elle-même : *Mentita eſt iniquitas ſibi.* *Pſalm. 26, v. 12.*

Si les ſoldats chargés d'obſerver le ſépulcre, dit ſaint Auguſtin, ne dormoient pas, comment ont-ils laiſſé enlever le corps de Jesus-Chriſt par ſes Diſciples? & s'ils dormoient réellement, pourquoi n'ont-ils pas été rigoureuſement punis?

D'ailleurs, croyez-vous, Meſſieurs, que ſi les Diſciples du Chriſt n'avoient pas vu de leurs propres yeux leur maître reſſuſcité, ils auroient ſoutenu ſa doctrine & ſa perſonne, juſqu'à verſer leur ſang pour la gloire de ſon nom? Ah! des imprécations, n'en doutez pas, auroient avec raiſon dénigré le Fils de Marie comme un ſéducteur qui les auroit trompés, & il n'auroit pas eu un ſeul partiſan qui lui fût demeuré attaché. Mais, ô ſageſſe de mon Dieu! cinq cents frères meurent tous, pour attester à la face de l'univers qu'ils ont bu & mangé avec Jesus-Christ ressuscité, & qu'ils l'ont touché de leurs propres mains: *Quod vidimus, quod audivimus, quod manus nostræ contrectaverunt de Verbo vitæ*. Je le vois, cet Homme-Dieu, tantôt conversant avec Marie-Magdeleine, tantôt voyageant avec les Disciples d'Emmaüs, tantôt montrant ses plaies à l'incrédule Thomas, tantôt entrant dans le Cénacle, les portes fermées, pour y souhaiter la paix & pour la rendre à jamais aimable, *Pax vobis*.

1. Jean, c. 1, v. 1.

Joan. c. 20, v. 21.

Quel est l'habitant dans Jérusalem, que dis-je, dans le monde entier, qui n'ait pas entendu parler de la Résurrection du Sauveur? C'est un évènement qui passe de bouche en bouche, qui remplit toutes les histoires, qui devient la ruine de l'idolâtrie; un évènement qui élève le Christianisme sur les débris des passions, qui place Pierre au ſein du Capitole, pour en être l'oracle & le chef.

Nations liguées contre Dieu & contre ſon Chriſt, déſormais tous vos efforts ſeront ſuperflus. La Réſurrection eſt pour vous un écueil contre lequel vous viendrez vous briſer : *Huc uſque venies & conſringes fluctus tuos.* Job. c. 38, v. 11.
Que les coryphées de l'impiété emploient leurs plumes ſacrilèges & leur voix infernale pour renverſer la Religion, pour arracher le Chriſtianiſme du cœur des Chrétiens ; Jeſus-Chriſt reſſuſcité devient victorieux de tous ſes ennemis préſens & à venir : *Chriſtus vincit, Chriſtus regnat, Chriſtus imperat.*

Quelle nouvelle preuve, ſi nous jugeons de la Réſurrection par ſes effets ! Le menſonge élève-t-il des autels de toutes parts en l'honneur du vrai Dieu ? Le menſonge paſſe-t-il à travers la révolution de tous les ſiècles, pour y opérer les plus grandes merveilles, pour y produire les plus éclatantes vertus ? Le mensonge subjugue-t-il les hommes les plus éclairés, asservit-il ceux même qui doutent, qui examinent, qui sont prévenus ? Concluons donc, Messieurs, que la Résurrection est une chose vraiment démontrée par tout ce qui la précède, l'accompagne & la suit : j'ajoute qu'elle donne le plus grand degré de certitude à toutes les vérités que l'Eglise nous enseigne.

Il n'y en a pas une seule, enseignée par Jesus-Christ pendant les jours de sa vie mortelle, dont la Résurrection ne soit la preuve : pas une énoncée dans l'ancienne Loi, qui ne soit confirmée par le grand miracle qui ravit aujourd'hui nos cœurs & nos esprits, car ce ne peut être qu'un Homme-Dieu qui ait la vertu de se ressusciter lui-même ; & dès-lors l'Ecriture sainte est le langage d'un Homme-Dieu ; dès-lors nous ſommes aſſurés, ſans craindre de nous tromper, que les dogmes, que la morale du Chriſtianiſme ſont d'éternelles vérités.

Ainſi, Meſſieurs, nous devons croire d'une foi inébranlable que les Prophètes furent des hommes inſpirés ; que la Bible eſt un livre divin ; que l'Egliſe étant la figure de la Synagogue, nous devons l'écouter ſi nous ne voulons pas être regardés comme des Publicains ou comme des Payens : ainſi nous devons croire qu'il y a trois Perſonnes qui rendent témoignage dans le Ciel, & que ces trois Perſonnes ne forment qu'un ſeul & unique Dieu ; que le Baptême eſt de néceſſité pour être ſauvé ; qu'il n'y a que le nom de Jeſus-Chriſt par lequel on puiſſe mériter le ſalut éternel ; que la divine Euchariſtie eſt réellement le myſtère ineffable du corps & du ſang de l'Homme-Dieu ; que tous les Sacremens ſont d'inſtitution divine ;

que les Miniſtres du Seigneur ont le pouvoir de remettre & de retenir les péchés ; que l'Egliſe eſt infaillible dans ce qu'elle nous propoſe comme article de foi, parce que Jeſus-Chriſt eſt avec elle tous les jours, ſans interruption, juſqu'à la conſommation des ſiècles : ainſi, nous devons croire qu'après cette vie nous aurons en partage le Ciel ou l'Enfer ; qu'il n'y aura plus de rédemption pour quiconque meurt dans le ſein de l'héréſie ou dans l'horreur du péché mortel ; qu'en conſéquence nous reſſuſciterons comme étant les membres de celui qui eſt la réſurrection & la vie : *Reſurrectio & vita.*

Ainſi, nous devons croire qu'on doit ſanctifier d'une manière particulière les jours conſacrés au culte du Seigneur ; que les Saints ſont les amis de Dieu ; qu'ils ne ſont, comme il le dit lui-même, qu'une ſeule choſe avec lui, & que nous pouvons les invoquer ſans faire tort à la médiation de Jesus-Christ ; qu'enfin, il faut pardonner à ses plus grands ennemis, si l'on veut obtenir le pardon de ses péchés.

Oui, Messieurs, voilà ce que nous atteste la résurrection du Sauveur, d'autant mieux que toutes les vérités sont une, qu'on ne peut rien retrancher sans se jeter dans la voie de la perdition. Direz-vous encore que vous avez des raisons de douter ? Mais qui croirez-vous donc, si ce n'est celui qui opère dans sa personne un aussi grand miracle que la Résurrection, pour mettre un sceau éternel aux grandes vérités que nous vous prêchons en son nom ? La parole de Dieu, qui ne peut vous tromper, la succession non interrompue des Apôtres jusqu'à nous, la chaîne de la tradition : voilà, Messieurs, des preuves irréfragables, confirmées par la résurrection de Jesus-Christ.

Mais ce grand Mystère opère-t-il

parmi nous tout ce qu'il devroit opérer? Ne dit-on pas ſecrettement dans ſon cœur comme Thomas: je voudrois avoir vu? ne va-t-on pas chercher des ſujets de douter, ou plutôt des impiétés dans ces livres pervers que le ſiècle adore, & que la Religion anathématiſe comme le comble des maux? ne ſe réſerve t-on point le droit de croire ſeulement quelques vérités, ou de rejeter celles qui ne s'accordent ni avec nos mœurs, ni avec notre manière de penſer? ne nomme-t-on point préjugé ce que pratique toute l'Egliſe, ou ce qu'enſeignent les livres ſaints? ne vit-on point dans une alternative de bonnes œuvres & de péchés, qui conduiſent infailliblement à une éternelle damnation? n'eſt-on point enfin du nombre de ces Chrétiens qui vont paroître convertis pendant quelques jours; mais qui, au lieu de quitter la voie du péché, ne feroit que s'y repoſer, & qui feront ſemblables aux eaux du Jourdain qui se tinrent suspendues pendant que l'Arche passoit, & reprirent quelques instans après leur cours ordinaire?

Ah! qu'il est à craindre, Messieurs, que cette solemnité ne se passe, comme tant d'autres, sans vous rendre plus attentifs à vos devoirs & plus vertueux! Cependant vous n'ignorez pas avec quel respect les premiers Chrétiens la célébroient; vous n'ignorez pas que leur cœur, dégagé de tout amour du monde, ne s'appliquoit qu'à la pratique de la vertu, & que c'étoit, comme dit saint Chrysostôme, un renouvellement admirable que la célébration de la Pâque. On y reprenoit une ferveur toute divine, qui subsistoit autant que la vie, qui conduisoit à la plus grande perfection, parce qu'on ignoroit alors qu'on pût passer de la grace au péché, sous prétexte d'une conversion apparente, dont l'extérieur même ne dure que quelques jours.

Heureux temps ! puiſſions-nous, Meſſieurs, le faire revivre parmi nous ! puiſſiez-vous vous occuper du grand Myſtère que nous célébrons en ce jour comme du fondement de notre Foi, & comme du germe de notre réſurrection !

SECONDE PARTIE.

LES Myſtères de notre ſainte Religion, dit ſaint Auguſtin, ſont trop ſublimes pour être ſtériles. Ils ne s'accomplirent que pour notre ſanctification, & c'eſt ne pas les connoître que de négliger les biens qui en réſultent. Ainſi, la Réſurrection du Sauveur eſt le germe de la nôtre ; premièrement, en ce qu'elle rappelle les ames à la vie de la grace; ſecondement, en ce qu'elle doit opérer la réſurrection des corps.

Les ſolemnités des payens n'étoient que des fêtes criminelles, qui laiſſoient le cœur livré à la débauche & à la ſuperstition. On y honoroit un Mars adultère, un Jupiter incestueux, pour s'autoriser dans les vices qu'on se plaisoit à commettre ; mais à peine Jesus-Christ vient-il à sortir du tombeau, que le Christianisme s'annonce dans l'univers avec tous les caractères de la justice & de la sainteté, & qu'on voit un nouveau culte capable d'épurer le cœur & l'esprit. Vous le savez, Apôtres de mon divin Sauveur, vous qui, en prêchant Jesus-Christ ressuscité aux Juifs comme aux Gentils, leur donnâtes les moyens de sortir de l'esclavage du péché ; c'est par votre auguste ministère que le sang de Jesus-Christ leur fut appliqué, que sa Résurrection devint le germe d'une vie toute spirituelle.

Et comment peut-on contempler le Messie sortant du tombeau pour notre justification, *Resurrexit propter justificationem nostram*, sans sortir soi-même de l'abîme du péché? Que nous serviroit-

Rom. 4, v. 25.

il de célébrer la Pâque, dit saint Bernard, si nous ne dégagions pas notre ame des objets terrestres qui l'offusquent & qui la tyrannisent. C'est pourquoi le grand Apôtre nous exhorte, en nous annonçant le grand Mystère de la Résurrection, à ne goûter que les choses du Ciel : *Si consurrexistis cum Christo, quæ sursùm sunt sapite, non quæ super terram.* C'est pourquoi l'Eglise nous presse dans ce temps, encore plus saint que celui du carême, puisque la pénitence ne fut qu'une préparation pour célébrer dignement cette grande solemnité, de renoncer aux mauvaises habitudes qui nous éloignent de nous-mêmes & de Dieu.

Coloss. 3, v. 1.

Nous fuyons les tombeaux comme de lugubres objets, capables de remplir les esprits de tristesse & d'horreur; mais le sépulcre du Sauveur est un sépulcre glorieux : *Erit sepulchrum ejus gloriosum.* Mais c'est un sanctuaire, disons mieux,

Isaïe, c. 11. v. 10.

un autel où nous devons aller immoler nos passions, & prendre cette force chrétienne qui forme les soldats de Jesus-Christ. La mort comme la vie de ce divin Maître doit être notre modèle; & il n'y a pas une seule de ses paroles, une seule de ses actions, un seul de ses Mystères, que nous ne devions nous appliquer.

Soyez Chrétiens, & vous trouverez dans la Résurrection une abondance de graces qui vous spiritualiseront en vous arrachant au tombeau qui recèle vos misères & vos crimes; interrogez les Justes qui vivent au milieu du monde sans participer à sa malice, ils vous diront qu'en imitant Jesus-Christ ressuscité, on vit pour ne plus mourir. Non, il n'y a que la vie de la grace que l'homme puisse & doive desirer; cette vie qui nous élève au dessus des plaisirs & des passions, nous fait mépriser les objets corporels, & nous attache inviolablement à Dieu. Heureuſe vie! que n'eſt-elle le partage de tous les hommes! Le Seigneur ſeroit ſans ceſſe glorifié, & le péché paſſeroit pour le plus grand des maux. Mais il faut du courage, il faut des ſacrifices pour entrer dans une nouvelle carrière, & pour prendre au milieu des ſcandales le chemin de la vertu.

N'eſt-il pas étrange qu'en conſidérant les Chrétiens de nos jours avec les yeux de la Foi, nous n'appercevions pour ainſi dire que des multitudes de morts au milieu du Chriſtianiſme? *Nomen habes quod vivos, & mortuus es.* Les Tribunaux ſacrés ſont fréquentés, il eſt vrai, les Autels ſont environnés d'une foule de Chrétiens qui demandent le pain des Anges; mais combien ne s'y traînent que par habitude, que par reſpect humain, qu'avec langueur, & peut-être qu'avec le deſſein de reprendre leurs vies comme un vêtement? On néglige cette grace offerte à tous les enfans de Dieu, dans ce jour où le Seigneur reſſuſcite, & où il nous apprend en reſſuſcitant glorieuſement, en reſſuſcitant véritablement, en reſſuſcitant pour ne plus mourir, que notre réſurrection doit être prompte, entière & durable.

Ah! ſi nos Myſtères n'étoient qu'un vain objet de contemplation, ſi nos cérémonies n'avoient qu'une pompe infructueuſe, je vous dirois moi-même que vous pouvez vous diſpenſer de vous en occuper; mais ils donnent la grace; mais notre ſalut eſt attaché au culte que nous profeſſons: ſans cela, Jéſus-Chriſt ſeroit mort en vain: ſans cela, il ſeroit inutilement reſſuſcité, & notre miniſtère ne ſeroit qu'un vain ſimulacre, uniquement fait pour amuſer la curioſité.

C'eſt ce que voudroient vous perſuader les ſophiſtes du ſiècle préſent, dont la folie a été ſi ſouvent démontrée, qu'il ne s'agit plus que de les plaindre au lieu de les réfuter. Mais, peut-on connoître Jesus-Christ quand on ne s'applique qu'à le blasphémer ? peut-on parler de ses Mystères quand on se plaît à les ignorer? Heureux celui qui dans le silence de son cœur médite la Croix & le sépulcre de Jesus-Christ ! c'est-là qu'il trouvera le germe de cette résurrection qui rappelle les ames à la vie de la grace, & de celle qui fera refleurir nos corps au sein du tombeau.

Il semble que la Pâque ait été fixée dans le temps où toute la Nature se renouvelle, pour mettre d'une manière frappante sous nos yeux le grand Mystère de notre Résurrection. En voyant toutes les créatures inanimées se réveiller par la vertu de ce soleil génératif qui vivifie les plantes & les fleurs, on se représente la lumière éternelle, qui du même souffle dont elle créa l'univers, nous fera un jour sortir du tombeau. Eh ! qu'y a-t-il d'étonnant, si celui qui nous a tirés du néant nous rappelle à la vie ? Celui qui peut plus, ne peut-il pas moins ? & sa Toute-Puissance n'oppère-t-elle pas ce qui lui plaît sans que rien résiste à ses volontés ?

Jesus-Christ l'avoit dit en parlant de sa Mort & de sa Résurrection, qu'il attireroit tout à lui : là où est le corps, les aigles s'assembleront : *Ubi erit corpus aquilæ congregabuntur.* Nous sommes les membres de celui qui est la Résurrection & la Vie ; & par-tout où il sera nous y serons nécessairement, si nous mettons à profit la divine influence qu'il nous communique. C'est dans le tombeau du Sauveur, dit saint Chrysostôme, que les Chrétiens trouvent la vie qu'ils doivent reprendre au jugement dernier. C'est de là qu'une vertu toute-puissante se répandra dans tous les sépulcres, & ranimera tous ceux qui dormiront dans la poussière.

Quel ſpectacle, grand Dieu ! lorſque le genre humain, réduit en poudre, ſortira une ſeconde fois de l'horreur du néant, & fera voir que rien ne coûte à la ſuprême Sageſſe ! Alors la trompette ſonnera, les cieux ſe rouleront comme un livre, le ſoleil s'obſcurcira, & Jeſus-Chriſt ſera la ſeule lumière qui brillera dans tout ſon éclat. O générations ! le moment approche où vous allez vous réveiller ; déja les monumens s'ouvrent, les morts entendent la voix du Fils de Dieu ; & ils reconnoiſſent, dans le grand étonnement que leur cauſent les premiers inſtans de leur nouvelle vie, que par la Réſurrection de Jeſus-Chriſt, ils ont acquis le droit de reſſuſciter. On ſemera dans l'ignominie, dit l'Apôtre, & l'on reſſuſcitera dans la gloire. Oui, Meſſieurs, voilà le triomphe qui nous eſt réſervé au grand jour de la manifeſtation, ſi Jeſus-Chriſt reſſuſcité devient notre modèle. Voilà quel seroit le sujet de notre ambition, si nous étions vraiment Chrétiens. Eh! que pouvons-nous espérer de plus beau qu'un couronne immortelle, que le bonheur de vivre à jamais dans la société des Justes?

Que mes yeux soient donc couverts de ténèbres; que mon corps plie sous le poids des ans; que mes sens s'usent, que mes organes se dissipent; que la mort même enlève à mes yeux, ceux auxquels mon ame est liée; que je voie au milieu des sanglots & des cris, au milieu des larmes & du deuil, expirer celui qui étoit ma société dans ma solitude, mon conseil dans mes perplexités, mon appui dans mes disgraces; que j'accompagne au tombeau ces os, ce cadavre, ce reste précieux d'une partie de moi-même : mon commerce est suspendu, mais il n'est pas interrompu. Lazare, notre ami, dort; mais si nous croyons, nous verrons la gloire de Dieu.

Celui qui brise aujourd'hui la pierre de son sépulcre sans efforts, ouvrira nos tombeaux, & la lumière éternelle remplira nos ossemens d'une splendeur qui les vivifiera. Nous traînons maintenant avec notre ame une maison de boue, qui doit au premier moment s'écrouler; & cette maison, toute vile qu'elle est, deviendra brillante comme un astre : *Justi fulgebunt sicut sol.*

Matth. c. 13. v. 48.

Tous les siècles, toutes les années qui nous ramènent successivement ce grand jour, que nous célébrons avec autant de pompe que d'alégresse, finiront pour jamais; & la Paque ne sera plus une Fête passagère, mais une Solemnité durable, sans vicissitude & sans interruption ; nous ne verrons pas pour un seul moment Jesus-Christ rayonnant de gloire, & nous montrant ses glorieuses plaies, comme à Thomas; mais nous le contemplerons sans cesse, & nous bénirons, dans des transports immortels

mortels & toujours nouveaux, sa merveilleuse Résurrection, comme ayant été le germe de la nôtre, & le fondement de notre foi.

D'après ces espérances, d'après ces vérités, pourrez-vous oublier, Messieurs, tout ce que vous devez à la Religion, tous les avantages qu'elle vous procure? Je ne suis point en peine de ce qui se passe actuellement dans vos cœurs; mais je craindrois pour le moment où vous devez quitter cette brillante école, si vous ne me rassuriez par les principes dont vous êtes remplis, & par les exemples qui vous ont fortifiés.

Aussi, vous dites-vous à vous-même, à la vue des écueils qui se trouvent au milieu du monde : *Me expectaverunt peccatores ut perderent me;* les pécheurs nous attendent pour nous perdre: mais nous nous rappellerons ce qu'on n'a cessé de nous répéter dans cette ref-

Psalm. 118, v. 95.

Psalm. 118, v. 98. pectable maison. *Testimonia tua intellexi, Domine.* Nous nous rappellerons que nous manquerions aux sages Instituteurs qui prennent tous les soins possibles pour nous former à la vertu; que nous manquerions aux bontés d'un Gouverneur, dont les décorations sont la récompense de son mérite, comme la considération dont il jouit est le prix de ses vertus; que nous manquerions à la bienfaisance de MONSIEUR, ce Prince équitable, éclairé, qui se fait un devoir de l'étude au milieu de la Cour la plus brillante de l'univers; que nous manquerions enfin à Sa Majesté même, Elle dont tous les Peuples de la terre voudroient être les Sujets, si nous venions à nous écarter des règles qui nous sont prescrites, & à ne pas faire valoir les talens que nous avons

Ibid. reçus. *Testimonia tua intellexi, Domine.*

Il n'y a pas de doute, Messieurs, que ces réflexions ne vous servent d'encouragement pour être autant de boucliers de la Religion & de la Patrie, pour vous rendre encore plus grands aux yeux de Dieu qu'à ceux des hommes, pour moissonner une gloire immortelle dans le champ de la valeur & de la piété. Si les paroles que je vous ai adressées, Messieurs, pendant cette sainte quarantaine, ne venoient que de moi-même, malgré le zèle qui m'anime pour votre gloire, je n'en espérerois rien; mais elles vous ont été adressées de la part de Dieu, de la part des vertueux Directeurs, qu'un Prélat immortel dans les annales de la Religion a préposés à votre avancement spirituel, & qui méritent d'autant plus votre confiance, qu'ils ont puisé leurs lumières dans cette Société savante *, qu'on appelle avec raison le Concile perpétuel de nos Gaules.

* La Sorbonne.

J'ose vous dire qu'absent comme présent je vous porterai sans cesse dans mon cœur, & qu'une des plus belles époques de ma vie, sera de me rappeler que j'eus le bonheur de vous entretenir de vos devoirs les plus sacrés, sur-tout lorsque je lirai vos noms dans les fastes de la valeur, avec l'espérance qu'ils seront un jour gravés dans les Cieux.

Ainsi soit-il.

SERMON

POUR LA FÊTE DE L'ASSOMPTION,

Prêché dans la même Chapelle, le 15 août 1781.

Signum magnum apparuit in Cœlo, mulier amicta sole.

On vit un signe extraordinaire dans le Ciel, une femme revêtue de la lumière du soleil.

De l'Apocalyp. chap. 12.

Les Héros de la terre n'ont qu'une gloire caduque & momentanée; leurs statues, leurs épitaphes, leurs histoires, leurs noms se précipitent avec les siècles dans un éternel oubli ; on ne fait que paſſer , ils ne ſont déja plus ; on les cherche, on ne peut montrer leur place ; tandis que les Saints, portés ſur les aîles de la vérité , s'élèvent au deſſus des nuages de ce monde périſſable, & vont mêler leur exiſtence avec l'éternité de Dieu même.

N'en fait - elle par une heureuſe épreuve , cette Vierge Sainte dont nous célébrons aujourd'hui le triomphe ? Couronnée des mains de Dieu, aſſiſe à ſa droite, vivant de ſon eſſence, participant à ſa gloire, ne voyant rien au deſſus d'elle que la Divinité, elle paroît aux yeux des Saints, revêtue de la lumière du ſoleil. *Signum magnum apparuit in Cœlo, Mulier amicta ſole.*

Combien la foi, Meſſieurs, ne vous préſente-t-elle pas de grandes idées? Elle laiſſe loin de nous tous ces objets corporels qui nous environnent ; toute cette matière qui, ſous diverſes formes, nous opprime & nous séduit ; & elle nous découvre cette immensité de puissance, de majesté, de bonheur, où revivent toutes les bonnes œuvres, où règnent à jamais les élus de tous les âges & de tous les climats ; où Marie, environnée de toutes les vertus qu'elle a pratiquées, brille elle-même du plus grand éclat. *Signum magnum apparuit in Cœlo, Mulier amicta sole.*

L'Église, en remettant devant nos yeux un spectacle aussi ravissant, veut que nous en tirions la plus grande utilité ; premiérement, en ne tenant au monde, à l'exemple de Marie, que par la fidélité la plus constante à remplir nos devoirs ; secondement, en n'aimant la gloire du monde que relativement à celle du Ciel. *Ave, Maria.*

PREMIÈRE PARTIE.

QUELQUE beau que ſoit le ſpectacle de la nature, dit S. Auguſtin, quelque magnificence qu'étalent à nos yeux le ciel, la terre & les mers, tous ces objets n'ont rien qui puiſſe nous diſtraire de nous-mêmes. Le Créateur, en dépoſant notre argile ſur la pouſſière que nous foulons ſous nos pas, nous aſſigne des devoirs qu'il faut exactement remplir; devoirs qui nous uniſſent à la Religion, à la patrie, à la ſociété, par des liens qui ſe formèrent dès l'origine du monde, & qu'on ne peut abſolument rompre.

A peine naiſſons-nous, que celles qui nous allaitent ont des droits ſur notre reconnoiſſance & ſur notre amour; on lit cette vérité dans les yeux mêmes des plus tendres enfans, qui déja regardent avec tranſport les perſonnes qui les ſoignent, & qui, après avoir balbutié le nom de père & de mère, prononcent enfin celui de Dieu comme d'un être bienfaiſant qu'on doit adorer & bénir.

Notre ame n'a pas beſoin d'être avertie de ce que nous devons à ceux qui nous élèvent, à celui qui nous a créés; nous éprouvons qu'on n'acquiert des jours & des années, qu'on n'étudie ſous des maîtres qui ſont d'autres pères qui nous donnent une ſeconde exiſtence, que pour reſſerrer les liens qui nous attachent à la Religion ainſi qu'au prochain.

Perſonne ne connut mieux que la très-Sainte Vierge ces précieux devoirs. Sanctifiée dans le ſein de ſa Mère, elle ſe rend au Temple, étant encore enfant, pour ſe vouer à Dieu; elle montre une obéiſſance à toute épreuve envers ſes parens; & s'inſtruiſant par la ſuite à l'école de Jeſus-Chriſt, elle apprend à chérir la patrie, à remplir toute justice, à rendre enfin aux Césars ce qui leur appartient.

Plus elle est élevée en dignité, moins elle pense à s'affranchir des obligations qui nous lient à la société. Bonne parente, bonne citoyenne, bonne amie, toute sa vie sert d'édification & de modèle. On ne la voit point se prévaloir de la divinité de son Fils, pour vivre dans le faste & dans les délices; cette terre ne lui paroît qu'un passage où il ne faut arrêter ni ses desirs, ni ses regards.

Le monde en effet, Messieurs, n'est qu'un fantôme de gloire & de bonheur. Ses plaisirs n'ont qu'une amertume secrète, sous une apparence de douceur; & l'homme est perdu pour peu qu'il se fasse une occupation de ses fêtes, de ses frivolités, de ses jeux. Saint Augustin nous rend cette vérité de la manière la plus touchante dans ses Confessions, ce livre arrosé de ses pleurs.

Il nous fait voir combien ſa jeuneſſe fut malheureuſe, en négligeant ſes devoirs pour ne chercher que la volupté. *Je croyois*, nous dit-il, *trouver le bonheur en m'éloignant de moi-même & de Dieu, & je roulois d'abîme en d'abîme; tant on éprouve de maux lorſqu'on ſe ſépare de la vérité!* Point de créature, ſelon l'Apôtre, qui ne ſoit dans l'enfantement, juſqu'à ce que le grand jour du Seigneur arrive; & c'eſt faire violence à notre propre cœur ainſi qu'à la loi, renverſer l'ordre établi par le Créateur, que de vouloir tenir à ce monde, qui n'eſt qu'un atôme, par les plaiſirs des ſens.

Ces aſtres, ces fleuves, ces fleurs qui charment nos yeux, qui ſervent avec tant de magnificence à la décoration de cet univers, ſont autant d'images des beautés inviſibles qui nous attendent au-delà de cette vie; ces objets ſont placés par la main même du Créateur, comme l'arbre de la ſcience du bien & du mal au milieu du Paradis terreſtre ; mais c'eſt pour n'en pas abuſer.

Ainſi, Meſſieurs, quiconque fait ſervir les choſes créées à ſatisfaire ſes paſſions, devient prévaricateur; & toute la nature l'accuſe en ſecret devant le ſouverain Juge, qui ne nous a mis dans ce monde que pour le ſervir.

La Loi naturelle, la Loi révélée ſont les deux liens ſacrés qui nous attachent imperturbablement à tout ce que l'Évangile nous enſeigne. Un véritable Chrétien doit rompre avec le monde pour s'unir à Dieu ; doit être fidèle obſervateur de toutes les règles que la Religion nous preſcrit, de toutes celles que l'humanité inſpire ; &, ſoit qu'il ſpécule, ſoit qu'il agiſſe, il ne doit ſe modifier que ſur ſa conſcience & ſur ſa foi.

Telle fut la conduite de la Sainte Vierge ; toute ſa vie ne fut qu'un acte de soumission & d'humilité. Loin de murmurer des obligations qui l'assujettissent à des devoirs rigoureux, elle observe avec le plus grand empressement la Loi de la Purification, qui paroît la confondre avec les pécheurs; elle fuit en Égypte ; elle éprouve toutes les contradictions.

Ce monde, tout admirable qu'il est dans l'ordre & l'économie de la société, ne seroit plus qu'un théâtre d'horreur, si chacun n'avoit que le caprice pour loi. Mais le Seigneur a voulu que les vieillards donnassent de bons exemples; que les jeunes gens reçussent de bonnes instructions ; qu'il y eût parmi les hommes un concours de pensées, de desirs & d'actions qui tendissent au souverain bien; il a voulu que les pères fussent respectés, les Rois honorés; il a voulu qu'on se prêtât mutuellement des secours, que le fort aidât le foible, que le riche soulageât le pauvre, que le ſavant inſtruiſît l'ignorant ; il a voulu que dans cette multitude de différentes conditions qui partagent les exercices de la vie, chacun travaillât non comme un mercenaire, mais comme un enfant de Dieu, formé pour le connoître & l'aimer ; il a voulu que les Inſtituteurs de la jeuneſſe, qui ſe conſacrent à cette ſublime & laborieuſe fonction, fuſſent religieuſement obéis, qu'on écoutât leurs conſeils, & qu'on les réduiſît en pratique ; il a voulu que le Miniſtre des Autels interprétât la Loi, & fût un homme de prières ; que le Magiſtrat prît la défenſe de la veuve & de l'orphelin, le Militaire celle de la patrie, au riſque de ſa fortune & de ſes jours ; qu'enfin, les Grands traitaſſent leurs vaſſaux avec bonté : ſans cela l'homme ne ſeroit plus qu'un ſtupide animal, ſeulement chargé de ruminer & de végéter, qu'un futile inſecte, uniquement appliqué à pomper le ſuc des fleurs, à voltiger, à bourdonner ; & l'on ne verroit de toute part que des caprices, des frivolités, des désobéissances, des forfaits. Rentrons en nous-mêmes, & nous trouverons ce magnifique plan que Dieu lui-même a tracé; plan selon lequel il nous prescrit de nous abstenir de tout desir criminel, de toute action équivoque, de tout ce qui blesse les mœurs, de tout ce qui altère la foi; plan selon lequel nous ne pouvons prendre que des récréations innocentes, qu'après avoir assidument travaillé.

Telle est l'harmonie de cet univers, & d'autant plus admirable, qu'elle doit nous donner une idée de la Jérusalem Céleste, où toutes les classes des diverses intelligences qui jouissent du bonheur de voir Dieu ne sont occupées qu'à le bénir, & où l'on ne peut espérer d'atteindre, si l'on met dans cette vie son bonheur.

Hélas! Messieurs, nous sommes sans

ceſſe avertis par des maux qui nous inveſtiſſent de toutes parts, que ce monde n'a point été créé pour ſervir d'aliment à nos plaiſirs. A peine veut-on ſe réjouir, que l'infortune, la maladie, la mort viennent nous arracher à nos habitudes. La jeuneſſe elle-même, quoique la ſaiſon la plus riante de la vie, n'eſt à l'abri ni des ſoucis ni des dégoûts : il y a des afflictions pour tous les états ; & c'eſt la Providence qui ſeme ces tribulations, pour nous apprendre que notre cœur ſera toujours agité, comme dit Saint Auguſtin, s'il ne ſe repoſe dans le ſouverain Etre.

Grand Dieu ! j'oſe le dire, vous nous auriez fait le plus funeſte préſent, ſi vous ne nous euſſiez donné l'exiſtence que pour jouir de ce monde périſſable. Les perſonnes mêmes qui ſemblent nager dans les délices, confeſſent qu'elles éprouvent un vide que rien ne peut remplir, & qu'au milieu de leurs Palais magnifiques, de leurs ſuperbes ameublemens, de leurs repas ſomptueux, il leur manque quelque choſe dont la privation les rend entiérement malheureux.

Il en eſt de ce monde, lorſqu'on ne le connoît point encore, comme de ces perſpectives qui paroiſſent merveilleuſes dans le lointain, & qui s'échappent à l'admiration lorſqu'on s'en approche. Il vous ſemble maintenant un objet enchanteur, au point que vous deſirez peut-être d'en parcourir toutes les beautés. Ah! ce n'eſt qu'une zone torride, où les fleurs ſe fanent à meſure qu'elles écloſent; qu'une île flottante qui ſuit le torrent des flots, & qui nous entraîne au milieu des tempêtes & des naufrages; qu'un volcan qui nous brûle & qui nous dévore. L'hiſtoire de ceux qui périrent victimes du plaiſir eſt immenſe; nos tombeaux recèlent des multitudes innombrables de jeunes gens qui trouvèrent la mort dans le tumulte du monde & des paſſions.

Mais pour ne pas profaner ce jour de triomphe par des réflexions auſſi lugubres, c'eſt aſſez de vous dire, Meſſieurs, que les devoirs qui nous attachent au monde n'ont rien que de doux, lorſqu'on les pratique en vue de Dieu. La grace a le pouvoir d'adoucir tout ce que la nature trouve de pénible; de ſorte que ſi Marie fut la plus pure de toutes les Vierges, elle fut ſans contredit la plus heureuſe de toutes les créatures. Les liens qui nous attachent à la terre ne nous ſont à charge, que lorſque nous les formons nous-mêmes par caprice ou par paſſion. Mais quand ce ſont des liens légitimes que le Créateur lui-même a formés pour nous aſſujettir à nos devoirs, ces liens qui conſtituent les qualités de père, de fils, d'ami, de citoyen, alors le cœur eſt dans ſon centre, alors l'ame jouit d'elle-même & connoît ſon bonheur.

On n'oſe encore, malgré la corruption des mœurs, faire l'éloge de ceux qui vivent en Epicuriens, ſacrifient tout à l'égoïſme, donnent tout à l'intérêt. Ils paroiſſent des êtres iſolés, qui, n'étant bons que pour eux-mêmes, ne peuvent avoir qu'une triſte deſtinée. Toutes les créatures inanimées, juſqu'à la pouſſière qui voltige dans les airs, ſont aſſujettis à l'ordre de Dieu ; & il n'y a que le pécheur, qui ſe fait un devoir comme un jeu d'être indépendant, qui trouble une ſi ſainte harmonie. C'eſt une monſtruoſité dans l'univers, de n'exiſter que pour ſoi ; notre foibleſſe elle-même nous apprend qu'on ne nous doit des ſecours que parce que nous en devons aux autres, & que les talens comme les vertus, les lectures comme les prières, les ris comme les pleurs, doivent être mis en ſociété, pour en faire un usage agréable à Dieu.

La Religion sur-tout, qui embrasse la terre, les cieux, le temps, l'éternité; la Religion, cette chaîne mystérieuse, dont le dernier anneau comme le premier nous attache à Jesus-Christ, nous défend de contracter d'autres liens que ceux qu'elle ordonne. Que de nœuds en conséquence il nous faut couper! Ici, c'est une liaison qui nous isole de Dieu, pour nous attacher trop vivement à ce qui va périr; là, une sorte de complaisance en nous-mêmes, qui nous familiarise insensiblement avec l'orgueil; ici, un trop grand desir de savoir, qui n'a pour objet qu'une criminelle ambition; là, une antipathie pour ceux qui nous commandent, uniquement parce qu'ils ont sur nous des droits; & c'est ainsi que la concupiscence prend diverses formes pour nous séduire, & pour nous allier à des objets dangereux.

Ah! si l'on étoit attentif à ne former que des liens qui nous unissent à la vertu, l'on feroit revivre les grands exemples que nous a laissés la très-Sainte Vierge, en nous apprenant premièrement, que nous ne devons tenir au monde que par la pratique constante de nos devoirs; secondement, que nous ne devons estimer la gloire d'ici bas que relativement à celle du Ciel. C'est le sujet de ma seconde Partie.

SECONDE PARTIE.

En vain les hommes enflés de leurs titres & de leurs honneurs, se sont imaginés que la gloire de ce monde suffisoit à leurs desirs, pour les rendre dignes de l'admiration de tous les âges; leur propre conscience a réclamé contre cette erreur, & la raison les a forcés de convenir qu'il n'y a de grandeur réelle, que celle qui vient de Dieu.

L'on a beau chercher en soi-même de quoi se glorifier, faire intervenir ses talens, ses aïeux, ses propres actions pour nourrir la vanité ; tout ce qui passe est périssable, & il n'y a que les œuvres sanctifiées par la Religion, dignes d'une ame immortelle.

Si nous n'étions que des êtres jetés au hasard dans cette vallée de larmes, comme ces graines qui, jouet des élémens, se trouvent dispersées par toute la terre sans ordre & sans dessein, nous n'aurions nul besoin de nous occuper de l'éternité ; mais le Créateur, en nous faisant semblables à lui-même, nous a imprimé le desir de toujours vivre, en nous montrant de loin la perspective d'une gloire & d'un bonheur qui ne doivent jamais finir.

Ces grandes vérités germèrent tellement dans le cœur de la très-sainte Vierge, qu'elle ne connut de gloire que celle de mépriser le monde, & de ne s'occuper que des biens célestes. Ni les prodiges qu'opère son fils, ni les honneurs qu'on lui rend lorsqu'il entre dans Jérusalem, ni la gloire qui accompagne sa résurrection, ne lui servirent point de prétexte pour se produire au milieu des hommes; elle veut être ignorée, convaincue qu'il n'y a que le Ciel qui puisse remplir un cœur chrétien.

S'il y avoit une gloire sur la terre, capable d'enivrer notre esprit & nos sens, ce seroit sans doute, Messieurs, celle qui vous est destinée; je parle de la gloire qu'on acquiert par les armes. Quel beau moment pour un brave militaire, que celui où, défiant le fer & le feu de pouvoir ralentir son zèle, il s'élance dans le sein de la mort même avec l'intrépidité d'un héros! Tous les échos répètent ses triomphes, publient son éloge, célèbrent son nom; la cour, la ville ne parlent que de son courage;

s'il eut des aïeux, ils revivent; & s'il n'en eut pas, il se regarde comme une tige qui produira des descendans qui rappelleront ses victoires.

Cependant, Messieurs, ces brillantes conquêtes, quoique la suite nécessaire de l'amour qu'on doit à sa patrie, à son Roi, perdent leur mérite si elles ne se rapportent à Dieu : plus les actions sont éclatantes, plus elles lui doivent un tribut, comme à l'auteur de toutes les lumières & de toutes les vertus.

LOUIS IX n'a obtenu une place si honorable dans les histoires, que parce qu'il fut aussi grand saint qu'illustre conquérant; & pour nous rapprocher des héros que la génération présente a presque vus, Turenne lui-même, dont les cendres sont mêlées avec celles de nos Rois, Turenne est encore plus admirable par sa sublime modestie, par sa constante piété, que par son savoir & par sa bravoure.

Rien

Rien de plus magnifique que le récit de ſes actions dans ce ſuperbe éloge que tout le monde connoît, & que chacun voudroit avoir fait, par reſpect pour la mémoire d'un homme qui fut vraiment au deſſus de l'humanité. France! quand tu l'inſcrivis dans tes faſtes, la religion, encore plus que la gloire des armes, t'inſpiroit alors. Eh! qu'y a-t-il de plus grand que de ſauver l'Etat, en ne s'attribuant rien d'un pareil honneur, en s'humiliant devant Dieu, dans l'inſtant même qu'on devient la merveille & l'idole de toute une nation?

C'eſt-là, Meſſieurs, le comble de l'héroïſme; il ne peut aller plus loin, & c'eſt ce qui rend l'humilité de la très-ſainte Vierge ſi admirable à nos yeux: elle ſert d'exemple à tous les hommes pour l'uſage qu'ils doivent faire de la gloire; elle leur apprend à toujours reconnoître cette ſource inviſible & pure d'où découlent tous nos avantages &

tous nos biens ; à toujours protester que nous sommes des serviteurs inutiles, quelque fonction honorable que nous ayons à remplir.

Sans cela, notre réputation n'est qu'un songe, notre gloire qu'un simulacre de grandeur ; & nous pouvons d'autant mieux nous en convaincre, qu'il y a des foules de héros ensevelis dans la poussière avec le souvenir de leurs victoires & de leur nom, parce qu'ils n'ont pas glorifié le Seigneur. Vivre dans la mémoire des hommes, ne dépend pas de nous, selon la réflexion de saint Augustin ; c'est Dieu seul, n'en doutez pas, qui perpétue nos actions ; & s'il y a des payens dont l'héroïsme est parvenu jusqu'à nous, c'est que le Ciel l'a permis pour nous les faire connoître comme des personnages qui doivent être plaints, & qui nous apprennent qu'il ne suffit pas de briller dans le monde par quelque trait éclatant, mais qu'il faut principalement honorer le vrai Dieu, & révérer le culte qu'il a lui-même établi.

La vérité seule a droit d'avoir des Autels, & on ne les érige qu'à ceux qui sanctifièrent la gloire qu'ils acquirent, par un renoncement à eux-mêmes, & par un desir sincère de plaire à Dieu. Nos plus grands Rois que la France révère, & que l'Eglise nous propose pour modèles, ne manquèrent jamais de rendre hommage à la religion de tous leurs succès. Leur premier soin est de suspendre aux voûtes des temples les étendarts arrachés aux ennemis, de les faire retentir des cris de la reconnoissance & de l'adoration. Louis XIII nous en donne le plus bel exemple; il veut, à l'occasion des victoires qu'il remporte, que son royaume soit mis sous la protection toute-puissante de la Reine des Saints; & que chaqne année, dans ce jour mémorable, on fasse dans toutes les Eglises une procession qui rappelle son vœu, & qui devienne une époque ſolemnelle de ſa dévotion envers Marie.

Auſſi pouvons-nous dire avec ſaint Chryſoſtome, que la gloire d'un chrétien eſt auſſi pure que le jour le plus ſerein. La religion ne connoît point d'alliage; elle ne dérobe rien à Jéſus-Chriſt pour ſe l'approprier; elle lui fait un continuel hommage de tout ce que nous ſommes, & de tout ce que nous entreprenons.

D'après cela, Meſſieurs, combien la vraie religion n'a-t-elle pas de droits ſur vos cœurs ? Il ne doit y avoir pour vous de grandeur que celle qu'elle produit, de gloire que celle qu'elle avoue, de triomphe que celui dont elle eſt le principe & la fin.

Renverſez, vous dit-elle avec ce langage céleſte qui caractériſe ſon éloquence, renverſez les autels que le monde érige à l'ambition, ainſi qu'à la vanité ; dépouillez les vertus morales, politiques & militaires, de ce faſte extérieur dont on les environne, de ces pompeux éloges que l'enthousiasme ou l'opinion leur prodigue, & appréciez-les selon la vérité, qui ne consacre que ce qui doit toujours durer, que ce qui émane d'une source pure, que ce qui doit se rapporter à Dieu. Que d'actions éclatantes, d'après cette manière de juger, qui tombent dans les ténèbres! que de héros qui ne sont qu'éphémères, semblables à ces insectes qui nous éblouissent par les couleurs les plus brillantes, & qui n'ont que quelques jours de durée!

Il ne suffit donc pas de faire du bruit dans le monde pour acquérir une gloire immortelle ; il faut que cette gloire soit couronnée par la religion même ; il faut que la trompette qui doit un jour rappeler les morts à la vie, soit la première à les publier.

Marie souffre au pied de la croix tout ce que la douleur & l'humiliation peuvent produire de plus cruel ; & parce qu'elle souffre chrétiennement, & parce que la carrière qu'elle parcourt depuis sa naissance jusqu'à sa mort est un sacrifice continuel dont elle fait hommage à Dieu, le trépas n'a rien pour elle que de consolant & de glorieux : elle voit les portes éternelles s'ouvrir, & ses humiliations se changent en triomphe : les Anges eux-mêmes s'empressent de la transporter dans le sanctuaire de la justice & de la paix, où des Cieux incorruptibles l'enveloppent de leur lumière & de leur majesté ; & c'est là, Messieurs, que, devenue la Reine de tous les héros chrétiens qui se sanctifièrent par le soin qu'ils eurent d'offrir à Dieu leurs combats & leurs victoires, elle jouit de la suprême félicité.

Si elle n'eût vécu que pour le siècle, si, au lieu de s'humilier, elle se fût prévalu des droits que lui donnoit à la gloire l'honneur de compter quatorze Rois parmi ses aïeux, & sur-tout l'avantage ineftimable d'être la mère d'un Homme-Dieu, ses vertus ne serviroient pas de modèles à toutes les nations; on ne viendroit pas dans nos temples réclamer sa puissante intercession, & son image ne seroit point portée avec honneur sur les décorations de ces Ordres que nos Princes établirent pour récompenser le mérite & la vertu. Car tel est l'avantage des saints sur les héros profanes, c'est qu'on les invoque, c'est qu'on les célèbre, & que les Rois eux-mêmes se font une gloire de porter leur nom.

Il n'y a point de pays dans le monde entier où le nom de Marie ne soit connu, point de climats où elle ne reçoive des hommages, la religion chrétienne s'étant fait un passage à travers tous les obstacles, pour aller porter sa lumière jusques dans les lieux les plus déserts & les plus barbaras: *Beatam me dicent omnes generationes.*

Concluons de ce discours, Messieurs, que vous étendriez vos conquêtes jusqu'aux extrémités du monde ; que vous rempliriez toute la terre du bruit de vos armes ; que vous feriez revivre les exploits des Condé & des Catinat, tout feroit perdu pour vous, si vous n'aviez pour premier objet le salut de votre ame ; & ces vérités, Messieurs, ne vous sont point étrangères : élevés dans une maison destinée à remplir vos cœurs de l'amour qu'on doit à la religion, à la patrie, à son Roi ; formés par les mains les plus attentives & les plus habiles à faire fleurir les sciences, la valeur & la piété, vous savez déja qu'il n'y a rien de vraiment grand que ce qu'on fait en vue du Ciel. C'est là que se portèrent les vœux de ces généreux citoyens qui vous ont transmis leur noblesse & leur vertu ; & c'est là qu'après avoir fourni la carrière d'un parfait militaire & d'un vrai chrétien, vous irez recevoir du Dieu des armées les palmes dont parle l'Apocalypse, & qui ne se flétrissent jamais.

Ainsi soit-il.

APPROBATION.

J'AI lu, par ordre de Monseigneur le Garde des Sceaux, un manuscrit intitulé : *Petit-Carême, prêché à l'Ecole Royale Militaire.* Je n'y ai rien trouvé qui m'ait paru devoir en empêcher l'impression. A Paris, ce 6 mai 1782.

Signé, DUVOISIN.

PRIVILEGE DU ROI.

LOUIS, PAR LA GRACE DE DIEU, ROI DE FRANCE ET DE NAVARRE : A nos amés & feaux Conseillers, les Gens tenant nos Cours de Parlement, Maîtres des Requêtes ordinaires de notre Hôtel, Grand-Conseil, Prévôt de Paris, Baillifs, Sénéchaux, leurs Lieutenans Civils, & autres nos Justiciers qu'il appartiendra : SALUT. Notre bien amé le sieur Abbé JUMEL Nous a fait exposer qu'il desireroit faire imprimer & donner au Public un Ouvrage de sa composition, intitulé : *Petit-Carême, prêché en 1782, dans la Chapelle de l'Ecole royale Militaire*, s'il nous plaisoit lui accorder nos Lettres de Privilège à ce nécessaires. A CES CAUSES, voulant favorablement traiter l'Exposant, Nous lui avons permis & permettons de faire imprimer ledit Ouvrage autant de fois que bon lui semblera, & de le vendre, faire vendre par tout notre Royaume, Voulons qu'il jouisse de l'effet du présent Privilège, pour lui & ses hoirs à perpétuité, pourvu qu'il ne le rétrocède à personne; & si cependant il jugeoit à propos d'en faire une cession, l'acte qui la contiendra sera enregistré en la Chambre Syndicale de Paris, à peine de nullité, tant du Privilège que de la cession; & alors, par le fait seul de la cession enregistrée, la durée du présent Privilège, sera réduite à celle de la vie de l'Exposant, ou à celle de dix années à compter de ce jour, si l'Exposant décède avant l'expiration desdites dix années. Le tout conformément à l'article IV & V de l'arrêt du Conseil, du 30 août 1777, portant réglement sur la durée des Privilèges en Librairie. FAISONS défenses à tous Imprimeurs, Libraires, & autres personnes de quelque qualité & condition qu'elles soient, d'en introduire d'impression étrangère dans aucun lieu de notre obéissance; comme aussi d'imprimer ou faire imprimer, vendre, faire vendre, débiter ni contrefaire ledit Ouvrage, sous quelque prétexte que ce puisse être, sans la permission expresse & par écrit dudit Exposant, ou de celui qui le représentera, à peine de saisie & confiscation des exemplaires contrefaits, de six mille livres d'amende, qui ne pourra être modérée, pour la première fois, de pareille amende & de déchéance d'état en cas de récidive, & de tous dépens, dommages & intérêts, conformément à l'arrêt du Conseil du 30 août 1777, concernant les contrefaçons. A la charge que ces Présentes seront enregistrées tout au long sur le Registre de la Communauté des Imprimeurs & Libraires de Paris, dans trois mois de la date d'icelles; que l'impression dudit Ouvrage sera faite dans notre Royaume, & non ailleurs, en beau papier & beaux caractères, conformément aux Réglements de la Librairie, à peine de déchéance du présent Privilège; qu'avant de l'exposer en vente, le Manuscrit qui aura servi de copie à l'impression dudit Ouvrage sera remis dans le même état où l'approbation y aura été donnée, ès mains de notre très-cher & féal Chevalier Garde des Sceaux de France, le sieur HUE DE MIROMENIL, Commandeur de nos Ordres; qu'il en sera ensuite remis deux exemplaires dans notre Bibliothèque publique, un dans celle de notre Château du Louvre, & un dans celle de notre très-cher & féal Chevalier Chancelier de France, le sieur DE MAUPEOU, & un dans celle dudit sieur HUE DE MIROMENIL; le tout à peine de nullité des Présentes. Du contenu desquelles vous mandons & enjoignons de faire jouir ledit Exposant & ses hoirs pleinement & paisiblement, sans souffrir qu'il leur soit fait aucun trouble ou empêchement. Voulons que la copie des Présentes, qui sera imprimée tout au long au commencement ou à la fin dudit Ouvrage, soit tenue pour duement signifiée,

& qu'aux copies collationnées par l'un de nos amés & féaux Conseillers-Secrétaires, foi soit ajoutée comme à l'original. Commandons au premier notre Huissier ou Sergent sur ce requis, de faire, pour l'exécution d'icelles, tous actes requis & nécessaires, sans demander autre permission, & nonobstant clameur de Haro, Charte Normande, & Lettres à ce contraires: CAR tel est notre plaisir. DONNÉ à Paris, le douxième jour du mois de Juin, l'an de grace mil sept cent quatre-vingt-deux, & de notre Règne le neuvième. Par le Roi en son Conseil,

Signé, LEBEGUE.

Registré sur le Registre XXI de la Chambre Royale & Syndicale des Libraires & Imprimeurs de Paris, n°. 2676, folio 710, conformément aux dispositions énoncées dans le présent Privilège ; & à la charge de remettre à ladite Chambre les huit exemplaires prescrits par l'article CVIII du Réglement de 1723. A Paris, ce 18 juin 1782.

VALLEYRE jeune, Adjoint.

www.ingramcontent.com/pod-product-compliance
Ingram Content Group UK Ltd.
Pitfield, Milton Keynes, MK11 3LW, UK
UKHW021130260726
13994UKWH00001B/76

9 782329 415529